I0796165

El arte de entrenar tu mente

El arte de entrenar tu mente

Pepe Imaz

VERGARA

Papel certificado por el Forest Stewardship Council®

Primera edición: junio de 2025

Printed in Spain – Impreso en España

ISBN: 978-84-10467-19-4
Depósito legal: B-6.425-2025

Compuesto en Llibresimes, S. L.

Impreso en Black Print CPI Ibérica s.l.
Sant Andreu de la Barca (Barcelona)

VE 6 7 1 9 4

ÍNDICE

Mamá, gracias infinitas por ser como has sido
y por como eres,
por entregar tu vida a sacar adelante
y apoyar a tus tres hijos.
Gracias.
Te amo

Prólogo

Conocí personalmente a Pepe Imaz cuando él era un gran jugador de tenis profesional. Años después he tenido la suerte de volver a coincidir y debo decir que, en esos encuentros, siempre me ha transmitido paz, tranquilidad, seguridad, cercanía y, sobre todo, he constatado que es un hombre dispuesto a ayudar a todo aquel que necesite su colaboración. Pepe, de manera pionera, ha sido capaz de hablar de las emociones en el tenis desde su propia vivencia y experiencia personal, con una sensibilidad, sencillez y cercanía muy humanas, algo de lo que nuestro deporte está muy necesitado, y se está ocupando de enseñarnos a gestionar el torrente de emociones que se viven durante un partido.

Hace años las emociones, depresiones, etc., eran un tema tabú. Hoy no podemos dar la espalda a la gestión de la mente en los desafíos que nos plantea nuestro deporte. Afortunadamente, ahora es menos extraño hablar abiertamente de los problemas psicológicos que sufren o han sufrido los jugadores profesionales durante su carrera. Por eso es clave la labor que hace Pepe, abordando los retos de la competición más allá de los aspectos técnicos o tácticos.

Para mí ha sido una gran experiencia asistir a algunas de las charlas que da Pepe en torneos juveniles por toda España, y que son de gran ayuda para que los más jóvenes, sus entrenadores y sus padres afronten la competición cuidando la salud mental de los chicos y las chicas. Un partido de tenis es un carrusel de emociones que debemos aprender a controlar.

Como he comentado anteriormente, he tenido la suerte de conocer su trabajo, no solo en sus charlas, sino también en sus escuelas de tenis, donde he asistido a algunas de las clases que imparte, llamadas Amor & Paz. Para alguien como yo, su acercamiento a los sentimientos dentro de la pista fue todo un descubrimiento.

Por eso me he lanzado a escribir estas líneas, porque creo que la labor de Pepe es de gran ayuda para toda la familia del tenis español y lo será, sin duda, para todas las personas que tengan la oportunidad de escucharlo y leerlo.

MIGUEL DÍAZ,
Presidente de la Real Federación Española de Tenis

Antes de empezar

Introducción

Queridos lectores, muchas gracias por haber elegido mi libro. No sabéis la ilusión que me hace compartir con vosotros mi experiencia de vida, esa que deseo para todos, pues me ha acercado y me acerca a diario al amor y la paz.

Por lo general, solemos presentar a las personas por sus logros, por lo que tienen, pero el mayor don es ser humano, algo tan excelso que no puede compararse con nada, ni siquiera etiquetarse. En mi caso, me considero un ser humano imperfecto, pero cada día deseo mejorar y crecer, además de compartir con los demás todo lo que aprendo. No tengo ningún título universitario ni diplomas de cursos realizados, así que mi intención no es adoctrinar ni enseñar nada, pues no soy quién para hacerlo. Solo soy un ser humano como vosotros que, desde el máximo respeto por la forma de pensar de cada cual, intenta aportar su granito de arena para traer Amor & Paz al mundo. ¿Y de dónde los he sacado yo? De esta vida maravillosa que tenemos la posibilidad de vivir en plenitud o de malgastar.

Como decía, mi objetivo no es enseñaros nada, pues considero que nadie sabe tanto sobre algo como para ponerse a dar lecciones. ¿Alguna vez habéis creído saber algo? ¿Y no os ha pasado nunca que, después de un tiempo, os habéis dado cuenta de que las cosas no eran tal como pensabais? Nadie tiene la verdad al cien por cien. Lo que pretendo en este libro es **compartir** con vosotros lo que sé en este instante de mi vida, **no enseñaros**, así que empezaré cambiando el verbo «enseñar» por «compartir». En un restaurante, cada persona elige entre diferentes platos de la carta. Yo me limito a ofrecer, a compartir con vosotros uno de esos platos. Hay más opciones, por supuesto; solo debéis preguntaros si sentís que queréis recorrer este camino o preferís otro. No hay uno mejor o peor, **hay lo que sentís o lo que no sentís**.

Enseñar y compartir

Deseo de corazón que mi experiencia en el tenis os ayude a daros cuenta de que está en nuestra mano ser auténticos, vivir la vida que queréis y mejorar cada día para alcanzar ese objetivo desde el amor, liberándoos de toda tensión, angustia, ansiedad, presión y de las sensaciones negativas que provoca el miedo. A los que penséis que este camino es el vuestro, no os aportará nada creer o no creer en lo que yo os diga, ni tampoco enjuiciarlo. Solo sacaréis algo de él si lo vivís y disfrutáis de la experiencia.

Quizá algunos me conozcáis por mi relación con Novak Djokovic, pero a lo mejor no sabéis qué nos unía. En los medios de comunicación llegaron a afirmar que yo era su entrenador o su gurú espiritual, que me fichó en 2016 y que dos años más tarde rompimos porque la bajada de juego que tuvo Novak fue por mi culpa... Creo que es importante aclarar esta historia desde el principio para alejarnos de los bulos que hay alrededor de una amistad como la nuestra.

Debido al tiempo que hemos pasado juntos, con su familia y entorno, a los que adora y por los que se desvive, lo conozco íntimamente. No voy a entrar a hablar de temas personales, por supuesto, pero me gustaría compartir con vosotros lo suficiente para que lo conozcáis más de lo que podéis saber de él a través de la prensa o de alguna entrevista.

Para mí, Novak es una persona extraordinaria, y uso este adjetivo en su sentido más literal: fuera de lo ordinario. Si nos paramos a pensarlo, podríamos decir que Novak es una figura muy especial o relevante en la sociedad, pero él no se siente superior ni más importante por ello. Al contrario, utiliza su relevancia para transmitir valores humanos a través de sus actos, de sus opiniones y de gestos buenos y generosos que le salen genuinamente del corazón. Entre ellos, destacaría que siempre actúa dando ejemplo, lo que le permite mantenerse estable en esa difícil posición que tiene en la sociedad. Otra de sus características más notables es su avidez de conocimiento y el deseo continuo de aprender. Por otra parte, es muy perfeccionista, y eso a veces juega en su contra, pues en ocasiones lo lleva a autoexigirse demasiado.

Cuando lo miro a los ojos, me encanta encontrarme con un ser humano tan verdadero y bueno. Me siento muy agradecido de poder compartir tantos momentos con él y sentir su gran corazón. No olvidemos que, cuando se está en el punto de mira de muchos millones de personas, es muy fácil perder la armonía si no se tiene una buena base emocional y una personalidad fuerte y bien afianzada. Y doy fe de que él las tiene. Sí, le vemos arranques fuertes en algunos partidos, pero él es consciente de ello. No se esconde, sino que lo reconoce, y sigue trabajando en ello. En fin, ¿quién es perfecto? ¡Yo no!

Hace más de una década que lo conozco. Novak y yo siempre nos hemos hablado con sinceridad y con la tranquilidad de que, cuando algo no nos gusta, nos lo decimos desde el respeto. Esa es nuestra relación, una amistad preciosa llena de mucho amor. No soy responsable de sus éxitos ni de sus fracasos tenísticos: nuestra relación se ha mantenido en los momentos de su mejor y su peor tenis. Ni he sido ni soy protagonista de ningún cambio en él. Los amigos de verdad no tratan de influirse o de cambiarse: se quieren, se aceptan y se respetan. Simplemente he compartido con él la experiencia de mi vida, aquello que tanto me ayudó. Igual que en los próximos capítulos la compartiré con vosotros.

Una vez aclarado esto, os diré que nunca he contado tan abiertamente todo lo que voy a presentar a continuación. ¿El motivo? No quería hacer daño a mi familia, en especial a mi madre. Ellos no se enteraron de lo que me pasó, pero pienso que ya puedo compartir lo ocurrido, pues siento y creo que están preparados para leerlo.

Por mucho que la mayoría de los ejemplos que pongo y las situaciones de las que hablo se refieran al mundo del tenis, tened en cuenta que, por mi profesión, no podía hacerlo de otro modo. Sin embargo, el mensaje que quiero transmitir puede aplicarse a todo el mundo, a todas las circunstancias, ya seáis deportistas, peluqueros o chavales jóvenes que empezáis vuestra andadura en cualquier ámbito de la vida.

Solo tengo palabras de agradecimiento para toda mi familia: Ángel y Lourdes, mis hermanos; y mi abuelo, que también hizo las funciones de padre y amigo desde que cumplí los cinco años. Pero sobre todo siento un agradecimiento infinito por lo que mi madre hizo y sigue haciendo por mí y por mis hermanos. Actuó conforme a lo que creía que era mejor para nosotros, siempre se entregó a la familia, y por eso solo puedo sentir gratitud pura, sin un reproche ni un pero. Gracias, mamá. Te quiero, mamá.

Dicho esto, empecemos.

1

Tocar fondo para empezar a subir

Nací en Arnedo, La Rioja, en mayo de 1974. Soy el menor de tres hermanos. Cuando tenía cuatro años, mis padres se separaron y, a los siete recién cumplidos, mi padre murió. **Las circunstancias ayudan a definir la vida de una persona**, y, en mi caso, un hecho definitivo fue que en la casa a la que nos mudamos por aquel entonces, la de mis abuelos, hubiera una pista de tenis. Familia y amigos jugábamos en ella a diario. Desde que tengo memoria, me veo en esa pista con una raqueta golpeando bolas, dando clases con Julián, mi primer profesor, o mirando cómo jugaban los demás. Sentía pasión por el tenis, y lo disfrutaba tanto que era la actividad que ocupaba la mayor parte de mi vida. Por encima de ganar o perder, solo quería jugar.

A los ocho o nueve años comencé a competir con entusiasmo y éxito cada fin de semana, y me convertí en el mejor de mi provincia. Mi juego empezó a llamar la atención de los mayores, que le recomendaron a mi madre que me llevase al *stage* de verano que impartía Andrés Gimeno, excampeón del Roland Garros. La edad mínima de admisión eran los doce años, pero me vieron jugar y me dejaron entrar con nueve.

Al terminar las dos semanas del *stage*, siempre se hace un informe de los niños. En el mío anotaron que tenía una capacidad extraordinaria, e incluyeron una frase que a mí, a esa edad, se me quedó grabada: «José es un diamante en bruto». **La vida de toda persona es el resultado de lo que le pasa y de cómo se lo toma**. Por aquel entonces, yo tenía una forma de ser que mezclaba autoexigencia, competitividad y necesidad de cariño con tal intensidad que esos comienzos resultaron ser una bomba para mí. Leer aquella frase fue como oír música celestial: colmaba todas mis necesidades y expectativas. Ese fue el momento en el que comencé a sentirme un jugador extraordinario.

Mis inicios en el tenis *amateur*

Como resultado de mi rendimiento en el *stage*, Andrés Gimeno me ofreció la posibilidad de ir a vivir a su casa de Barcelona para prepararme como futuro jugador profesional. Para que os hagáis una idea de lo extraordinaria que era su propuesta, hay que tener en cuenta que solo se lo proponía a un jugador por temporada: la tenista que me precedió y acababa de dejar su casa era Arantxa Sánchez Vicario. Lógicamente, mi madre me preguntó si quería ir, y le contesté: «¡Sí, mami, por supuesto! Para mí el tenis lo es todo». Ni siquiera me planteé que quizá me doliera separarme de mi madre, a pesar de estar profundamente apegado a ella. Así que ella, al ver mi entusiasmo, y asumiendo un gran sacrificio emocional y económico, accedió y me envió a la Ciudad Condal.

¿Y cuál fue mi vida allí? Durante el día iba al colegio, como cualquier niño, y por la tarde tenía dos horas de entrenamiento durante las cuales era muy feliz. El problema aparecía cuando terminaba el entreno y llegaba a la casa, sobre las siete o siete y media. En ese instante empezaba mi **sufrimiento** y el pago del peaje de la soledad diaria. Al llegar esa hora, y hasta las ocho y cuarto, que era cuando me llamaban para cenar, cada día —y digo «cada día» sin excepción— lloraba a escondidas por la angustia que me producía estar solo y lejos de mi madre. Con apenas diez años, sentía un dolor desgarrador. A las ocho y cuarto recibía su llamada, el bálsamo diario que me mantenía hasta el día siguiente.

Imaginaos a mi madre llamando a su hijo de diez años, al que ha mandado a vivir a otra ciudad, y que lo primero que me preguntaba era cómo estaba y si quería volver a casa: «Cariño, ¿quieres volver? Voy a buscarte ahora mismo». Eran muchas las veces en que se daba cuenta de que yo había estado llorando: «Cariño, ¿qué te pasa? Voy a por ti». Pero yo siempre disimulaba: me obligaba a mantener el tipo y le decía que todo iba muy bien. Uno de cada dos fines de semana venía a verme, y esa visita me cargaba las pilas lo suficiente para aguantar con las llamadas diarias hasta la siguiente quincena.

Estoy convencido de que os preguntaréis: «Pero vamos a ver, Pepe, si eras un niño que sufría de forma tan desgarradora a diario, ¿por qué no le dijiste a tu madre que te llevara a casa?». Pues porque yo, debido a mis carencias afectivas, estaba infectado por la sociedad. Por encima del sufrimiento, anhelaba el éxito. Mi prioridad era conseguir la atención de todo el mundo a través de ese triunfo, solo deseaba que me quisieran. El choque de esas dos fuerzas contrarias —la angustia por el apego a mi madre y la necesidad de éxito para conseguir la atención que tanto necesitaba— me produjeron esa amargura.

Y así pasaron dos años. A los doce me fui a la academia de Luis Bruguera, una residencia en la que había más chicos, la mayoría de más edad que yo, de catorce o quince años. En ese momento ya era menos sensible y tenía más distracciones, así que empecé a llevar la separación de mi madre de otra manera.

Sin embargo, ahí comenzó la segunda y peor fase del sufrimiento: responder a las altas expectativas que los demás tenían de mí y, sobre todo, las que tenía yo mismo. Ahora sé que eran inalcanzables, pero por entonces no podía renunciar a ellas. Cada juego, cada set, cada partido, cada torneo era una agonía, porque lo único que me importaba era ganar. Solo me sentía menos presionado cuando jugaba con chicos mayores, pues con ellos pensaba que podía permitirme la licencia de perder.

Esa angustia iba llenando mi vaso interior y se acrecentaba en mí: no llegaba al rendimiento esperado, no respondía a la figura del «diamante en bruto» que me habían hecho creer que era. **Ganar y ganar, eso es lo que te enseñan que significa esta vida**. Ganaba muchos partidos, pero no era el mejor, solo de los mejores. De hecho, había dos, tres, cuatro jugadores que estaban por delante de mí a nivel nacional, y eso no respondía a la imagen de lo que yo tenía que ser. Los hechos daban igual, yo seguía convencido de mi talento extraordinario. Lo interioricé de niño, y se quedó grabado en mi interior de forma inamovible. Era el mejor, solo podía ganar. En ese momento empecé a conocer el miedo a **perder**. Mi entorno se movía según el resultado de mis partidos, de si ganaba o perdía, y eso que en mi caso no ocurría lo que en muchos otros, porque nunca me presionaron. De mi familia siempre recibí amor y comprensión.

Durante aquella época ya no entraba en la pista fresco y entregado; mi objetivo dejó de ser disfrutar del juego porque me ahogaba la presión de ganar. Y entonces empezó a cambiar para mí ese deporte que tanto amaba. Mi mantra al acercarme a la pista alternaba entre «Contra este no puedo perder» y «Esta vez le tengo que ganar», y mi único consuelo era cuando me decían: «Todavía eres muy joven. No te preocupes, que de mayor serás tú el que gane». Y **entré en bucle.**

A los dieciséis años conseguí ganar el campeonato de España de cadetes en pista rápida y me hice con varios títulos de campeón nacional en varias categorías, tanto a nivel individual como en dobles. Aquello fue una bombona de oxígeno para mí, como un refrendo, pero hizo que creciera mi nivel de autoexigencia. Solo me quedaba un año para enfrentarme a la realidad, porque, a los diecisiete o dieciocho, o estás en el tenis profesional o sabes que no llegarás nunca. En realidad, seguía lejos del nivel mundial, pero no lo aceptaba. Los efectos del **miedo** se acentuaban, lo que conllevaba angustia, ansiedad y una inseguridad muy grande.

La **frustración** y la **depresión** siempre vienen acompañadas de un sentimiento aún más dañino: la **culpa**. La culpa llegó a mí por la responsabilidad autoimpuesta y por no fallar a mi familia ni a la gente que creía en mí como tenista. Me sentía un mierda, un fracasado. Hacía todo lo que me decían y no llegaba. Dedicaba al día unas horas extra de entrenamiento y no llegaba. Cuidaba al extremo mi alimentación y mi suplementación, y no llegaba. No llegaba.

Por aquellos años, los tenistas no se preocupaban tanto de la alimentación y la suplementación como ahora, pero empecé a leer sobre el tema creyendo que, gracias a eso, conseguiría una ventaja sobre los demás. Me centré en cuidar lo que comía, en los suplementos que podían aportarme más vitaminas, minerales, proteínas... Aun así, no llegaba a lo que yo mismo esperaba de mí.

El tenis profesional: la aparición de la bulimia

Cumplir los dieciocho años es un momento muy crítico para cualquier persona. De alguna forma, había llegado la hora de decidir si me iba a dedicar profesionalmente al tenis o era mejor que estudiase una carrera. Como podéis imaginar por lo que habéis leído hasta ahora, me negué a rendirme, así que opté por el tenis profesional. Y en ese instante comencé a caer en un pozo profundo. La brutal frustración que sentía me hizo entrar en un proceso de castigo a mí mismo, en una enorme autodestrucción. Y el sistema que elegí para acabar conmigo —quizá por no atreverme con otro o por la facilidad de acceder a ese— fue la comida: caí en la bulimia.

Por entonces decidí trasladarme a un piso que inicialmente compartí con un compañero, hasta que él dejó el tenis y me quedé solo. Y ahí, en la soledad de ese apartamento, en las horas desde que terminaba el entrenamiento hasta que me iba a dormir, viví un calvario.

Cuando empezaron los primeros episodios, muy al principio, no sabía qué era la bulimia, pero algo me decía que tenía un problema. Por lo general, un bulímico, como cualquier otro adicto, lo último que hace es aceptar que sufre una enfermedad, casi siempre dice que lo tiene controlado. Pero no era mi caso, así que empecé a buscar información sobre los desórdenes alimentarios.

Recuerdo que llamé a un antiguo profesor que había estudiado psicología y le conté mi historia, pero puse la situación en boca de un amigo imaginario. Él me ofreció el contacto de un catedrático de psicología en Barcelona al que fui a ver solo en dos ocasiones. Quizá no seguí con él por miedo, no lo sé, pero el caso es que no volví. Me dediqué a seguir leyendo todo lo publicado en español sobre el tema mientras caía más y más en el oscuro pozo de la bulimia, ocultándoselo a mi entorno y sintiéndome cada vez más angustiado y solo.

Voy a intentar explicaros en qué consistía el infierno que pasé durante dos años y del que, sin que aún pueda explicármelo, salí vivo.

Durante ese tiempo, desde que me levantaba hasta que volvía a mi apartamento a las siete y media de la tarde, mi vida era como la de todos los demás. La diferencia tenía lugar entre esa hora y más allá de la media noche, cuando me iba a dormir. De los dieciocho a los veinte años, cada día, mientras mis compañeros tenían su momento de ocio, yo seguía una rutina solitaria: llegaba a casa, comía hasta reventar, me acercaba al cuarto de baño, me ponía de rodillas frente al retrete, metía la cabeza en el agujero y lo vomitaba todo hasta que solo echaba bilis; me recuperaba y volvía a comer hasta reventar para, de nuevo, meter la cabeza en el váter y vomitarlo todo hasta que saliera esa amarillenta secreción del hígado. El proceso se repetía, sin interrupción, durante unas cuatro o cinco horas. A veces lo hacía hasta en trece ocasiones. En eso consistía mi tiempo de ocio entre semana... Imaginaos los fines de semana: dedicados casi por entero a comer y... ¡vomitar!

Quiero que entendáis lo que significa comer hasta reventar para que os deis cuenta de la gravedad de esta enfermedad mental. Me refiero a, por ejemplo, comer dos pizzas familiares (cada una para cuatro personas), una caja entera de galletas maría (de cuatro a seis tubos) y un litro de leche. Luego vomitas y repites la ingesta hasta trece veces. Era como si un diablo interior me empujara a hacerlo. El proceso de la compra de comida también formaba parte de mi desquiciamiento: para conseguir las pizzas, podía dar vueltas y vueltas a la rotonda cercana a la pizzería, intentando resistirme, pero, al final y de manera invariable, acababa comprando dos y me comía una entera por el camino, antes de llegar a casa.

En fin, era una auténtica barbaridad. Durante mi ritual, a veces me desmayaba con la esperanza de no despertar. Tenía todo tipo de infecciones en la boca y la garganta, sentía que la cabeza me iba a explotar por las repetidas arcadas, y deseaba que, con la presión que producían los vómitos, se me reventaran las venas de la cabeza y la muerte viniera a poner fin a mi sufrimiento. Era como jugar a la ruleta rusa esperando que me tocara la bala. Recuerdo que en una revisión rutinaria me identificaron una anomalía del corazón que no terminaron de explicarse. El médico me dijo que quizá tendría que dejar de jugar al tenis, y pensé: «¡Bendito sea! ¡Me ha tocado la lotería, puedo salir de esta sin asumir mi fracaso!».

El dolor interno era mucho mayor que los problemas físicos que padecía. La sensación de vacío que tenía era indescriptible, pero se acrecentaba a diario; el desprecio que sentía hacia mí mismo era máximo, pero aún podía ser mayor, como me demostraba cada mañana... Era como un *sepuku* (ese ritual de suicidio japonés en el que la persona se clava una catana) pero, en vez de espada, usaba los dedos para metérmelos por la boca y abrirme en canal. No quería vivir, deseaba que todo terminara, pero no me atrevía a coger un cuchillo y cortarme la garganta ni tampoco a tirarme de un décimo piso. Solo esperaba colapsar en uno de los vómitos..., pero no ocurría. No ocurrió.

No sé si soy capaz de transmitir el sufrimiento que me invadía cuando, en ese estado emocional, metía la cabeza en el retrete. Imagináoslo: el estómago explota y todo su contenido sale en cascada, pero tú solo esperas que lo que salga y termine en las tuberías de desecho sea tu vida, y que allí, junto al inodoro, se quede tu cuerpo inerte, libre de dolor. Para que os hagáis una idea, los libros decían que vomitar seis o siete veces al día era una barbaridad, que en esos casos hay que hospitalizar y controlar al paciente. Y yo pasé mi bulimia solo durante dos años, ocultándosela a todo el mundo.

Cuando te ves sumido en este bucle interminable, el cuerpo intenta defenderse. Hay un momento en que no te deja vomitar, así que buscas trucos para engañarlo. Uno bastante eficaz era tomar bebidas gaseosas, porque te provocan eructos y, aprovechando esa apertura, vomitas.

La particularidad de mi bulimia y del proceso autodestructivo en el que estaba sumido era que, mientras no consiguiera liquidarme, no quería que nadie se diera cuenta de nada ni tampoco era capaz de asumir mi estado emocional, con lo que necesitaba no perder mi forma física. Y ¿cómo lo hacía? Lo tenía todo calculado: primero me aseguraba de expulsar toda la comida que ingería durante el proceso comilona-vómito. Segundo, conocía los efectos secundarios (porque me había informado en todo tipo de libros), así que me protegía de los ácidos del vómito, reponía el agua necesaria y tomaba sales minerales, potasio, magnesio, vitaminas... Y tercero, antes de irme a dormir, me preparaba una cena sana y equilibrada que cubriera mis necesidades nutricionales de deportista, con las cantidades calculadas a la perfección. Dormía mis ocho horas y, al día siguiente, entrenaba en pista y gimnasio, además de sentirme bien para la hora extra de carrera, los abdominales y otros ejercicios que yo mismo me imponía... Una locura.

Vivía dividido en dos, poniendo buena cara para que nadie descubriera mi dolor, porque entonces todo sería más mierda y frustración. Aparentaba salud, y nadie sospechaba que estaba al límite. Mientras no muriera, debía seguir trabajando para ser un jugador profesional de tenis de élite.

Como os decía, sabía que estaba enfermo, y eso suponía una pequeña luz dentro de la oscuridad del túnel en el que estaba metido. Fue por este motivo, por esta conciencia de mi enfermedad, por lo que desde los diecisiete años empecé a leer los libros de la carrera de Psicología, así como cientos de obras dedicadas al crecimiento personal. En todas ellas, creía encontrar un atisbo de salvación. Hasta que un día, sin previo aviso, llegó a mí una segunda iluminación, podría llamarla incluso revelación, una especie de epifanía: «**Lo que necesito, lo que estoy pidiendo a gritos, lo que estoy buscando es amor. Necesito que se me acepte, se me quiera y se me respete, pero, sobre todo, lo que realmente necesito es aceptarme, respetarme y quererme**». Todos estamos más o menos acostumbrados a que se nos diga que hay que amar y respetar a los demás, pero yo no era consciente de haber oído nunca lo de: «Ámate, respétate, acéptate». Entonces, ¡mi único problema era que no me amaba!

Acababa de identificarlo. Y ya podía tomar cartas en el asunto.

Mis tres últimos años como tenista profesional

Tras esa revelación comenzó un proceso que aún continúa hoy. Sin adelantaros nada, porque de eso trata el resto del libro, os voy a contar cómo afectaron a mi vida los tres últimos años de mi carrera como tenista profesional.

Cuando se experimenta una epifanía como la que tuve yo, el primer paso es asumirla a nivel intelectual. Esta primera fase puede ser rápida, pero el segundo paso —incorporarla a tu vida, a tu manera de pensar, sentir y ser— seguramente se prolongará durante toda tu existencia. En algunas épocas quizá avance rápida e intensamente y en otras lo hará más despacio, pero no te abandonará.

En cuanto empecé a aplicar en mi vida los procesos que se me fueron ocurriendo para amarme, aceptarme y respetarme, la bulimia comenzó a desaparecer y mi tenis cambió. La **calma** que me produjo esa revelación me permitió potenciar mi nivel deportivo y, en consecuencia, empecé a jugar mejor y a ganar más partidos que nunca. Volvía a disfrutar muchísimo: la bola parecía ir más despacio, como a cámara lenta —salvando las distancias, me recordaba al movimiento ralentizado de algunas escenas de la película *Matrix*— y la calma me aportaba **claridad mental**. Mi nivel seguía subiendo; en consecuencia, empecé a enfrentarme a mejores jugadores, y no me costaba. Además, dejé de estar pendiente del *ranking* y de los cuadros de juego de los torneos, solo me enfocaba en el presente. ¿Qué estaba ocurriendo?

Esa mejora hizo que mi entorno cercano y profesional empezase a fijarse en mí: comencé a recibir halagos y atención por mis triunfos. Y me entró el miedo. Y ahora diréis: «¡Pepe, si no te entra el miedo por una cosa, te entra por otra!». Poneos en mi lugar... Comenzaba a salir del infierno, a quererme, respetarme y amarme al margen de mis resultados, y temí que los halagos y el incipiente triunfo me hicieran retroceder algunas casillas. ¿Qué ocurriría si me dejaba llevar por esos cumplidos y me olvidaba del camino que había emprendido? ¿Qué pasaría si los demás —yo incluido— me ofrecían atención y respeto por mi personaje, no por mi persona? (Si no sabéis a qué me refiero, no os preocupéis: la distinción entre persona y personaje la encontraréis en el capítulo 2).

Sentía que había tanta verdad en mi revelación que me daba miedo correr riesgos, porque no estaba seguro de haber desarrollado ya suficiente fortaleza emocional. En el fondo, quizá no me fiara de mí. Ahora sé que mi destino no era ser jugador profesional, sino emprender el camino en el que llevo los últimos treinta y pico años. La consecuencia de este proceso interior, al principio inconsciente, fue que, por un lado, quisiera ganar, pero por otro me asustara recaer. Por eso muchas veces, cuando me acercaba a la victoria, sin darme cuenta levantaba el pie del acelerador.

Por aquella época viajaba a los torneos con mi amigo, compañero y «hermano» Emilio, dos años mayor que yo, que era como un hermano para mí, y fue él quien se dio cuenta de lo que me estaba ocurriendo. «Pero, Pepe, ¿qué te ha pasado? ¿Eres tonto o qué? Has jugado dos partidos muy bien y en este vas y aflojas. Juegas mucho mejor de lo que lo has hecho hoy». «Pero, Pepe, ¿qué te ha pasado en este set/juego?». Sin ser consciente, en un determinado momento saltaba un clic en mi interior que me hacía bajar el nivel, y Emilio fue el primero en percatarse de ello semana tras semana. «Pero ¿qué coño te pasa, Pepe?».

Luego empezaron a aparecerme **lesiones** en el cuadrado lumbar que nunca había tenido y que carecían de sentido, pues físicamente me cuidaba mucho y tenía el cuerpo equilibrado. Durante un torneo en Segovia, mientras sacaba, me quedé clavado y me caí en la pista. Los fisioterapeutas me dijeron que la lesión posiblemente tuviera origen emocional. Era la primera vez en mi vida que oía hablar del origen emocional de algunas lesiones.

Tras tres meses sin jugar, volví a la pista y de nuevo me lesioné de la misma manera. Estaba bloqueado, era incapaz de escuchar el porqué. Aunque no quisiera oírla, había una pregunta que no dejaba de zumbarme en el cerebro, como si fuera una mosca: «En realidad, ¿aún quiero ser jugador profesional de tenis?». Cuando surgía este interrogante, pensaba: «Quita, quita, toda la vida preparándome y, ahora que me va bien, ¿voy a plantearme esto? ¡Ni de coña!». Pero la pregunta seguía rondándome... Así seguí, hasta que, durante un partido, a los veintitrés años, me llegó otra revelación: **«Hasta aquí, Pepe, lo dejas»**. Recuerdo que era un 6 a 6 en un *tie break* y, cuando el contrario empató, lo sentí. Noté esa liberación. Terminó el partido y dejé mi carrera como jugador.

Nueva vida en Marbella

Releyendo lo escrito, es importante aclarar que, aunque mi juego era bueno, cada vez mejor, ni mucho menos llegaba a ser de élite. Estuve cerca de los 100 primeros del *ranking* mundial. Debuté en la ATP en 1995, en el Open de Austria, donde perdí contra Sergi Bruguera (campeón de Roland Garros la temporada 93/94) en segunda ronda, y en el Open de Francia de 1998 perdí en segunda ronda contra el que sería el campeón, Carlos Moyá. Tuve varios *set balls* en el segundo set, que perdí 17 a 15.

Como decía, recibí el mensaje alto y claro. Fue como si se cortara la electricidad y no llegara a la bombilla. Supe que aquello había terminado para mí, que mi camino era otro. Como os podréis imaginar, nadie en mi entorno entendió nada. «Pero ¿cómo es posible? ¿Ahora, en tu mejor momento, después de todo lo que has luchado para llegar hasta aquí, lo dejas? ¿Ahora que tenías buenos contratos con patrocinadores, que ibas a jugar en Alemania?...». Todas esas preguntas se producían en las mentes de otros. En la mía, **no había dudas**. Durante mi proceso de salida de la bulimia, decidí vivir sintiendo, siendo fiel a mí mismo, a mis decisiones, y eso era lo que estaba haciendo. Dejé el tenis sin un plan B.

Aproveché ese descanso para ir a Marbella a visitar a mi amigo Javier, que vivía allí. Él es ajeno al mundo del tenis, así que sabía que no me juzgaría y que a él podría hablarle con total libertad. Cuando llegué, me sentí muy acogido. En principio fui para una semana, pero se convirtió en otra, luego en un mes, y acabé quedándome a vivir en la ciudad. Dediqué el tiempo a leer sobre el ser humano, lo que me permitió, poco a poco, entenderme más a mí mismo y al resto de las personas.

Casi un año después, recibí una llamada de dos jugadores que me preguntaban si me apetecería entrenarles. Al hablar con ellos, me di cuenta de que eran chavales con problemas serios, pues estaba claro que no se querían ni se respetaban. Al instante, acepté. Se vinieron a Marbella y comencé a trabajar con ellos, deseando compartir lo que tanto me había ayudado en los últimos tres años de mi carrera.

Y ahí comenzó mi **nueva vida**: el boca a boca de esos chicos hizo que vinieran cada vez más alumnos, y empecé a ser consciente de que mi experiencia los ayudaba en su vida deportiva y personal. En el circuito del tenis hay mucho sufrimiento, y quedaba patente que los jugadores a los que yo acompañaba lo llevaban de otra manera. Al principio me centré en los juveniles; no quería entrar en el mundo del tenis de la alta competición, no me sentía preparado. Había salido de él como jugador y no quería volver como entrenador. Pero las cosas fueron cambiando y evolucionando hasta hoy.

En una ocasión, un entrenador muy conocido me dijo que yo habría sido un fuera de serie si él hubiera estado más encima de mí. Me pidió perdón por no haber sabido hacerlo mejor, pero mi respuesta fue: «No, yo no tenía que ser jugador de tenis». Tal y como yo era, si hubiera tenido éxito en este deporte y hubiera jugado hasta los treinta y cinco años, mi ego se habría disparado y me habría creído el mejor del mundo. ¡Habría sido un chulo y un fantasma! Necesitaba pasar por lo que pasé y, una vez que ocurrió, no dejé el tenis por frustración, sino por decisión consciente cuando mejor estaba jugando. Mi ser me dijo que recorriera otro camino y, **cuando sigues a tu ser, todo es armónico.**

Nunca me arrepentí de dejar el tenis profesional, nunca, ni cuando veía a gente a la que había ganado jugando en torneos importantes. A lo largo de los años fui entendiendo el proceso, pero cuando dejé el tenis aún no comprendía nada, solo fui fiel a lo que sentía en ese instante, sin saber adónde me llevaría. **Ser fiel a mi ser fue mi salvación,** y lo que me despertó fue el sufrimiento, que es como un cincel que nos moldea a golpe de martillo. Sin esa ayuda, que tantas veces desoímos, no seríamos capaces de evolucionar. Una galleta no se ablanda sin leche; **el ser humano no se ablanda sin sufrimiento.**

Encontré mi sitio. Desde ese momento supe que la experiencia traumática por la que había pasado podía ser muy útil para otros. Mi lugar estaba fuera de la cancha, compartiendo mi experiencia con los demás y ayudándolos a competir sin tener que sufrir tanto como lo hice yo.

Desde entonces, ese ha sido mi propósito: compartir mi experiencia con todo aquel que lo desee.

2

¿Quién soy yo, quién eres tú?

Durante toda mi vida he ido pasando por diversas experiencias que, para bien o para mal, han ido forjando la persona que soy ahora. Incluso los errores que he cometido me han permitido aprender, es decir, no me equivoco, sino que experimento, como todos. A veces tengo éxito y en ocasiones fracaso, pero todas las situaciones me equilibran. Estoy convencido de que cualquier ser humano es un aprendiz. ¿Por qué no compartimos lo que sabemos, como aprendices que somos? De forma humana, amorosa, humilde, generosa, sincera...

Imaginaos un pueblo perdido en el que no saben lo que es el agua. Para calmar la sed, sus habitantes solo disponen de una bebida con gas que puede ser azul, amarilla, roja, naranja, verde... Cambia de un color a otro, pero solo los alivia, no les quita la sed. E, irremediablemente, debido a lo que beben, todos mueren hacia los treinta y cinco años. Un día regresa a la aldea un anciano sabio que, tras pasar sus primeros años bebiendo de esa agua de colores, después de pasar un tiempo en el extranjero, les trae unas garrafas de agua fresca de manantial. En cuanto se la ofrece, ¡nadie se atreve a probar esa agua incolora! Sin embargo, los que den el paso, los que rompan con su costumbre y sean lo suficientemente valientes como para probar su contenido, sentirán una liberación que no han vivido hasta ese momento. Y no morirán jóvenes. Ese anciano sabio les contará de dónde saca esa agua y les dará años de vida.

En este capítulo quiero compartir lo que por fin me quitó la terrible sed que sentía: el **amor**. El amor, ese sentimiento a veces incómodo de expresar cuando no es romántico, que significa respeto, aceptación, empatía y agradecimiento. Salvé mi vida al amarme como soy, al respetarme como soy, al aceptarme como soy y al agradecer lo que soy, con las virtudes y los defectos que llevo en mi mochila. Los amo, los acepto y los respeto. **Cuando comencé a amarme, todo empezó a cambiar dentro y fuera de mí.**

Quizá algunos penséis que es un planteamiento egoísta, pero por experiencia os diré que es muy difícil amar, respetar y aceptar a los demás si no comenzamos por nosotros mismos. **Amarme derivó de forma natural en el amor hacia los demás.**

Antes de presentaros mi proceso, que se basa en el amor, esa agua que calmó la sed que sentía, me gustaría explicaros algunos conceptos que suelo utilizar para que podáis seguir mejor lo que expondré en los siguientes capítulos.

Persona y personaje

Es muy distinto vivir la vida como persona que como personaje. ¿De qué manera queréis vivir? ¿Creando un personaje ficticio o descubriendo el ser maravilloso que sois? Y lo más importante: ¿para quién creáis ese personaje?

Cuando creas un personaje, tienes la necesidad de mostrar lo que haces, cómo lo haces, los logros qué has conseguido, cuáles son tus posesiones... Ya os he explicado en el capítulo 1 que yo creé un personaje que estaba tan pendiente de lo que los demás creían de mí que me vi forzado a convertirme en él. ¿No es eso ser esclavo de los demás? En realidad, ese personaje lo creamos para los otros, no para nosotros mismos.

Sin embargo, tenemos la opción de observar y recordar quiénes somos realmente. «Pepe, ¿cuál de las dos formas es mejor?». Podría deciros que ambas son válidas, pues nadie es quién para afirmar que algo sea mejor o peor. Debéis elegir la que sea mejor para vosotros, resolver el dilema de cuál es la que mejor os hace sentir.

Si lo que queréis es crear un personaje, estáis de suerte: la sociedad os animará a hacerlo, os apoyará en todo momento. Si sois de los que prefieren o desean vivir como personas, es decir, interiorizar y descubrir ese ser divino y maravilloso que hay en vosotros, preparaos, porque tenéis un arduo y maravilloso trabajo por delante. La decisión está en cada uno de nosotros. ¿Cómo deseáis vivir?

El descubrimiento del ser

No somos solo un cuerpo. En nuestro interior hay algo que podemos llamar energía, ser o como cada uno quiera, y esa es la parte que necesita verdadero alimento. Si ponéis juntos dos cuerpos tumbados, uno con vida y otro sin ella, ¿qué es lo que los diferencia? ¿Qué hace que a uno le lata el corazón o que se le muevan los pulmones en busca de aire? Pues es esa energía o ese ser que se va con la muerte, pero que permanece en nuestro interior mientras vivimos. Está muy bien que nos centremos en cuidar el físico, pero deberíamos darle, al menos, la misma atención a la parte anímica. Si no la cuidamos, se deteriorará y morirá de pena. ¿Y cuál es su alimento? El **amor**, comenzando por el amor a uno mismo. Por eso, cuando me preguntan quién soy o a qué me dedico, contesto: **«Soy un ser humano divino y maravilloso, como tú»**. No soy entrenador, médico, electricista, jardinero o aparejador. Soy un ser humano divino y maravilloso que se ama, se respeta y se acepta tal y como es, y que día a día sigue descubriendo lo que hay en su interior.

Aparte de darnos ese alimento a nosotros mismos, está en nuestra mano colaborar para que lo reciban los demás, y procurar que nuestra actitud no haga crecer el ego en nuestro entorno. Todo comienza de pequeños. Si sacamos buenas notas, qué bien; si suspendemos, qué mal. Si tenemos habilidades deportivas, bien; si no las tenemos, mal. Si somos guapos, bien —«¡Qué guapo es tu hijo!»—; si no lo somos, mal. Etcétera. ¿Qué pasará si ganamos un torneo o un concurso? Pues que nuestros amigos y familiares observarán embelesados y orgullosos las copas o medallas con las que nos premiarán. Y ¿qué mensaje se nos grabará a fuego en la mente desde niños? «La atención se consigue teniendo y ganando». Y así vamos, poco a poco, cayendo en la trampa. Pero cuidado, la culpa no es de nuestros padres; ellos se limitan a transmitir lo que recibieron. No hay culpables, solo personas que asumen la responsabilidad de librarse de esta trampa y recorrer el camino del amor, y otras que no lo hacen.

Llevo más de veinticinco años entrenando a niños y ahora, además, soy padre de Philippe, mi gran maestro. Observando lo vivido hasta ahora, considero que ser consciente de que todo infante solo quiere amor y cariño verdaderos es un gran regalo. Pero también me he dado cuenta de que estamos muy poco preparados para darlos, ya que nuestros miedos y nuestras carencias no nos permiten ser libres para ofrecerlos con autenticidad. En consecuencia, los niños optan por llamar la atención usando los medios que saben que funcionan.

El otro día recibí un correo electrónico de un excompañero con el que coincidí entrenando; ahora es psicólogo. En el correo recordaba cómo vivió el dolor y el sufrimiento durante el tiempo en que estuvo compitiendo, lo presionado que se sintió por su padre y la angustia que aquello le producía. En su caso, fue esclavo de la ilusión que proyectó en él su progenitor, hasta que explotó. Lo describía de una forma brutal. Mientras leía el mensaje, pensé que la píldora mágica del amor le habría ahorrado muchísimo sufrimiento.

Partamos de la premisa de que la felicidad nace del interior de cada uno. Para alcanzar el desarrollo personal, son básicas la autoobservación y la conciencia, que nos permiten ver y entender las inseguridades y los miedos, las áreas de mejora y los vacíos que sentimos y poder trabajar en ellos sin depender de factores externos que nos empujen a alcanzar esa felicidad personal. Ahí radica el éxito y el triunfo en la vida: observarnos con cariño, respeto, comprensión, compasión, aceptación... Es decir, con AMOR.

Este camino es muy simple, y la llave para abrir esa puerta la tenemos todos. No hay maestros; si alguien se presenta como tal, mal asunto. No consiste en intelectualizar nada ni en quedarnos en el conocimiento y la teoría. Lo que hay que hacer es adentrarnos día a día en nosotros mismos y limpiar nuestro interior, querernos, aceptarnos y respetarnos en todo momento y hacer lo mismo con los demás. Yo empecé hace más de treinta años, y lo sigo haciendo a diario. Si miro atrás, me doy cuenta de que he avanzado mucho, pero, al mirar adelante, también veo lo mucho que me queda por recorrer en este maravilloso camino. Por eso insisto en que mi intención es compartir, no enseñar.

Amor, respeto y aceptación

Al nacer, todos llevamos dentro un depósito lleno de amor. ¡Por eso todo el mundo desea tenernos en brazos! La familia, los amigos, las vecinas... ¿Cuántas veces le preguntan a una madre si pueden coger a su bebé? ¿Y cuál es el motivo de esta atracción irrefrenable? De niños, somos seres de luz, y los adultos lo perciben porque les llenamos su carencia de amor. Los niños pequeños, en cambio, no necesitan coger a los bebés en brazos, pues aún están llenos de ese amor que sentimos los adultos con los recién nacidos.

Sin embargo, a medida que vamos creciendo, la sociedad nos va educando —casi podría decir «adiestrando»— para que estemos más pendientes de que los demás nos respeten, nos presten atención y nos halaguen que de que nos tratemos de igual manera a nosotros mismos. En poco tiempo, las reservas de ese depósito de amor se van vaciando y caemos en la infelicidad, lo que puede llevarnos a la depresión y, si no ponemos remedio, aunque no nos guste oírlo, al suicidio.

¿Alguna vez os habéis planteado la cantidad de veces al día en que nos menospreciamos, nos insultamos o nos faltamos al respeto? Por ejemplo, me olvido las llaves dentro de casa y me digo: «¡Seré burro!»; se me derrama el agua que estoy sirviendo en un vaso y suelto: «Seré gili...»; me doy con la esquina de una mesa y exclamo: «Pero ¡mira que soy torpe!»; me tropiezo andando por la calle y me digo en voz alta: «Si es que vas atontado, mierda, y encima has quedado como un idiota»; o fallo un golpe fácil jugando al tenis y pienso: «Pero qué inútil soy», por no decir algo aún más gordo. Son un sinfín de descalificaciones las que nos soltamos a diario. Un incesante goteo que va erosionando de manera inconsciente la roca que somos.

Debemos asumir que todos somos personas y, como tales, maravillosamente imperfectos. Cuando nos pillemos maltratándonos, hablándonos mal, tenemos que ser comprensivos con nosotros mismos, corregir ese comportamiento y hablarnos con amor: «Se me ha caído el agua, pero no pasa nada, la recojo y listo». Si ponemos en práctica esta otra forma de actuar, con amor, estaremos dando el primer paso para aceptarnos, para querernos en nuestra imperfección. Poco a poco conseguiremos comprendernos y aceptarnos, es decir, no nos castigaremos con el insulto o el menosprecio.

Me gustaría contaros algo que me pasó en 2019. Una mañana recibí a través de mi página web, <pepeimaz-tennis.com>, el correo de una persona —a la que llamaré B—, en el que me hablaba de su estado emocional. Sentí que debía contestar a ese mensaje y, después de intercambiar varios correos, llamé por teléfono a B, que vive en la India. En cuanto comenzamos a charlar, sentí y reconocí en ella ese desgarro que tanto me acompañó hace más de veinticinco años, como habéis podido leer en el capítulo 1. Cuando acabamos, B decidió venir a Marbella para hablar con calma y que yo pudiera explicarle mi experiencia.

En cuanto la vi, me di cuenta de que era un ser humano maravilloso, como todos. Sin embargo, se sentía una mierda, pensaba que no se merecía seguir viviendo. Al mirarle a los ojos, me despertaba tanto amor... Tenía éxito laboral, pero eso no lo llenaba, y cada vez se exigía más.

Durante los cinco días que pasó en la ciudad, tomó conciencia de quién era como ser humano y se dio cuenta de que lo que le estaba desgarrando por dentro y llevándolo al abismo era que se había alejado de su identidad, de ese ser divino maravilloso que era y es, lleno de luz y con un amor ilimitado para dar y darse. Se sentía culpable por todo, además de insuficiente, incluso mala persona en ocasiones, hasta el punto de que, cuando alguien se encaraba con él, se culpabilizaba del enfado ajeno. ¡Tremendo pero cierto! Además, siempre actuaba según los criterios de los demás, pues para él era más importante la aprobación externa y recibir migajas de cariño que practicar el amor propio, y sentía un miedo paralizante que le impedía actuar, por si perdía el amor de los demás. Cuando B se vació de sus vivencias, lo miré a los ojos, sentí la luz que irradia todo ser humano y le pregunté: «¿Puedo compartir algo contigo, B?». Él asintió.

Durante unas dos horas le transmití lo que sentía desde lo más profundo de mi ser, el camino que yo había recorrido. Mi mensaje iba cargado de amor y sentimientos, sin juicios ni observaciones. Le expliqué que saber quiénes somos como seres humanos, para qué venimos al mundo y cuál es el sentido de la vida es fundamental para recordar que el respeto, la aceptación y el cariño hacia nosotros mismos, es decir, el amor, es lo más importante en la vida de toda persona. Aquel día comenzó a sentir la verdad de quién era en realidad. Poco a poco, se reencontró con lo que siempre había sido y siempre será: ¡un ser divino y maravilloso! Luego volvió a la India.

Dos semanas más tarde, B tenía unos compromisos profesionales muy importantes, así que, después de hablar por teléfono, vimos que era bueno que lo acompañase en esos momentos iniciales para ayudarle a afrontar el estrés que le produciría esa situación.

En cuanto llegué, me di cuenta de lo mucho que B había evolucionado en diez días. Sin embargo, la tarea no era fácil, pues debía enfrentarse a lo que, por su antigua forma de actuar, se veía incapaz de conseguir, a pesar de que se había liberado de gran parte de los miedos que lo paralizaban por el temor a no ser aceptado y querido por los demás. B había empezado a respetarse, a aceptarse sin buscar la aprobación ajena y, además, era más consciente del ser divino y maravilloso que era. ¡Había comenzado a amarse!

Los últimos días que pasé allí, cuando lo miraba a los ojos, sentía que irradiaba una luz maravillosa. Lejos quedaba ya el desprecio hacia sí mismo... ¡Como si nunca hubiera existido! En la actualidad, emana esa luz, ese amor propio en todo lo que hace y dice, su presencia llena toda sala en la que entra.

Cuando uno consigue que el amor, el respeto y la aceptación hacia sí mismo empiecen a instalarse en su vida, compite sin sufrimiento, con armonía. Mucha gente cree que no es posible, que solo se puede competir desde el sufrimiento, pero eso no es lo que yo he vivido. Cuando un tenista sale a la pista, su objetivo es ganar puntos para hacerse con el juego, acumular juegos para ganar el set, ganar suficientes sets como para terminar venciendo en el partido y, finalmente, ganar suficientes partidos como para hacerse con el torneo. Es indiscutible, al igual que un arquero quiere dar en el centro de la diana, no fuera. Lo que yo defiendo es que daremos en el centro de forma más fácil y eficaz desde el **amor** y la **armonía** que desde el **sufrimiento** y el **ego**, dos de las emociones que veremos en el capítulo 3.

Salir a la pista queriendo ganar a toda costa conlleva

sufrimiento y ego, de manera que dejamos que nuestro estado de ánimo dependa del resultado. Salir desde el amor y la armonía significa jugar respetándome y aceptándome como prioridad, con independencia del resultado. Si lo hacemos así, esa actitud nos acercará a la calma y el bienestar y, en consecuencia, nuestras capacidades se manifestarán a unos niveles próximos al 90 por ciento. Seguro que todos estamos de acuerdo en que, si se manifiestan con plenitud, estaremos más cerca de la victoria. Respetarnos y aceptarnos implica priorizar a nuestra persona frente al personaje (en este caso, el jugador de tenis), y tratar a nuestra persona con cariño y respeto.

Por ejemplo, para Novak Djokovic, su persona está muy por encima de su personaje, algo muy importante en la vida de cualquiera. Evidentemente, como ser humano, Djokovic tiene sus carencias y caídas en las que alimenta el ego, pero siempre le he visto ser consciente de ellas y tratar de ponerles remedio. Para las personas que están en su posición, no es fácil mantenerse en ese punto. Hay mucha gente que interactúa en la vida de Djokovic, que se le acerca desde la alabanza y la adoración, y no hay mayor veneno para el ser humano que la adulación, pues nos aleja de nuestra esencia como personas y alimenta nuestro personaje. En su caso, cuando termina un partido y hace ese gesto con las manos desde el corazón, sé que es sincero. Es un acto maravilloso, porque lo que comparte es amor hacia todos, y eso llega a millones de personas.

Por lo tanto, este camino no resta nada a la competitividad, sino que la refuerza. Muchas veces me han cuestionado esta afirmación, y siempre suelo contestar con una metáfora: «En la guerra, tienes más posibilidades de sobrevivir si vas bien armado y protegido que si estás desnudo. Ahora bien, si no participas en una guerra, todas esas armas y protecciones te sobran, son solo un engorro». En consecuencia, si salimos a la pista a ganar a toda costa, dejando que nuestro ánimo dependa del resultado, necesitaremos un ego fuerte y agresivo. Pero se puede jugar al tenis y ganar sin ir a la guerra.

Lo primero somos nosotros como seres humanos. No necesitamos ganar o perder para sentirnos mejor o peor. No tenemos que ganar para que los demás presuman de nosotros. Somos más que un halago, somos seres divinos y maravillosos. Todo tenista debe competir sabiendo que no depende de un resultado para sentirse bien. Entonces lo hará mejor, irá a ganar el punto mejor, intentará mover a su adversario, poner en práctica las tácticas que molesten a su juego, utilizará todo lo que ha entrenado, todo lo que ha aprendido, con la calma que da saber que, sea el resultado bueno o malo, no saldrá de la pista vencedor o derrotado como persona. Y eso sucede no solo en el tenis, sino en infinidad de circunstancias de la vida, en muchas de las situaciones a las que nos enfrentamos. Cuando uno está tranquilo y calmado, lo hace todo con más intensidad, potencia e intención, y lo que es más importante: disfruta mucho más. La desarmonía, el enfado, la rabia y la ira nos trastornan y limitan nuestras capacidades.

«¿Qué está diciendo este de competir desde el amor? Eso no existe, no puede ser». ¿Cuántas veces habré oído esta frase? Me atrevo a apostar que, en unos años, será lo más normal del mundo, no solo en el tenis a nivel de competición, sino en muchos otros ámbitos de la vida.

Hay quienes piensan que la naturaleza del ser humano es egoísta y negativa. Estoy convencido de que eso es una capa que hemos ido creando a lo largo de miles de años y que solo oculta nuestra verdadera naturaleza, que es **luz y amor**. Solo tenemos que librarnos de ese ego enfermizo que no deja de repetirnos que hay que ganar para ser mejores y que nos valoren; ese ego que nos hace identificarnos con nuestro cuerpo, con lo que hacemos, con lo que tenemos y con lo que los demás piensan de nosotros; ese ego que nos ha ido alejando de nuestra esencia.

Cuando nos instalamos en ganar a toda costa, pensamos que es la única forma de alcanzar el respeto y la aceptación de los demás, pero, si rascamos un poco, encontraremos que lo que realmente buscamos es cariño y cobijo, amor, porque eso es lo que desea el ser humano de manera profunda. Sin embargo, como no somos conscientes, nos conformamos con el halago y el respeto por lo que tenemos y lo que creemos que somos, nos conformamos con un sucedáneo y, así, malvivimos. Si nos amamos, nos respetamos y nos aceptamos, no necesitaremos ese sucedáneo. Alimentaremos nuestra persona, no nuestro personaje, y seremos libres de las exigencias ajenas. Sería el equivalente a la comida fresca comparada con la procesada: **si queremos vivir más y**

mejor, rechacemos los procesados y alimentémonos con amor, respeto y aceptación.

Volvamos a mi amigo Novak: en la pista, la mayor parte del tiempo mantiene el equilibrio entre el deseo de ganar y la aceptación de que puede fallar, de que puede perder. Pero siempre sale a ganar, como cualquier deportista de su nivel. Quizá cuando lo conocí vivía la derrota desde la no aceptación, pero ahora doy fe de que no. Los seguidores, después de ver un partido de su ídolo, desconectan y siguen con su vida, pero el jugador se lleva el partido a casa. La aceptación es lo que le ayuda a continuar con su vida, con su familia, con sus amigos. Ahora trasladadlo a cualquier reto al que os enfrentéis en la vida. ¿Veis por dónde van los tiros?

La luz interior

Una vez acompañé en moto a mi hijo Philippe —ese ser, ese maestro— a casa de una amiga porque tenía que darle algo. Al principio me dijo que quería ir él solo en la bici, pero me ofrecí a llevarlo porque ya había anochecido. Tomamos una carretera sinuosa que discurría por el interior de una urbanización de montaña. Cuando nos estábamos acercando a la casa, nos dimos cuenta de que no había luz: ninguna farola estaba encendida.

En cuanto detuve la moto y apagué el motor, lógicamente, nos quedamos a oscuras. No se veía nada. Nada de nada. Entonces le dije a mi hijo:

—Philippe, ¿te has fijado? Sin luz, no se podría venir hasta aquí. Nos pegaríamos un tortazo.

—Ostras, es verdad, papi.

Esa aventura me suscitó una reflexión al día siguiente: vivimos mendigando luz, mendigando amor, y no nos damos cuenta. Cuando digo amor me refiero a aceptación, respeto, cariño, a tener nuestro lugar, nuestro espacio en la sociedad. Pedimos limosnas de amor a los demás sin ser conscientes de que somos puro amor. Y no solo lo suplicamos, sino que nos llegamos a prostituir por amor. Es decir, hacemos cosas para ser aceptados, para tener nuestro lugar, para ganarnos el respeto de los otros.

¿Cuándo puedo encontrar dentro de mí toda esa aceptación, todo ese respeto, todo ese amor? Si uno no tiene luz, depende de las farolas, de las luces de otros.

Pero si la tiene, puede ir por lugares oscuros porque él mismo la emite. Es decir, si tomamos conciencia de lo que hay en nuestro ser y en nuestro espíritu —pura luz, amor, empoderamiento—, todo lo bueno que podamos imaginarnos brillará en nosotros.

Pero ¿qué ocurre? Que necesitamos encenderlo, como los faros de la motocicleta. La moto tiene luz, pero hay que pulsar el botón. Pues del mismo modo los seres humanos tenemos la capacidad de sentir amor por nosotros mismos. Nuestro ser, nuestro espíritu, está cargado de todo eso de manera infinita. Por eso no tenemos que ir mendigando por ahí; no estamos obligados a prostituirnos para que nos acepten, para que nos respeten, para que nos den nuestro lugar. Como en la moto, en nosotros está el botón que hemos de pulsar para encender la luz.

¿Por qué buscar fuera lo que está en nuestro interior, lo que ya está en nosotros? El cuerpo físico necesita respirar unos ocho mil litros de aire al día, necesita comer y beber cada X horas; el ser interior, para estar encendido, para caminar por la vida de una manera libre, armónica, sin miedo a no ser aceptado, al juicio de los demás, necesita tomar conciencia y vivir desde el amor que realmente es. ¿Qué más me da que la farola dé o no dé luz si yo tengo mi propia luz?

¿Qué hacemos en nuestra vida? Más importante aún: ¿por qué, para qué lo hacemos? No me respondáis rápido, pensadlo un momento, masticad la pregunta. ¿Qué queréis en la vida? ¿Para qué queréis usarla? ¿Qué sentido tiene vuestra vida? En muchas ocasiones no nos damos cuenta, pero tomamos una dinámica, una inercia, y nos conformamos con una vida absolutamente sonámbula, inconsciente, que solo se centra en las obligaciones, las necesidades y la supervivencia.

¿Por qué mendigar esa luz ajena si somos infinitamente ricos? ¿Por qué prostituirnos para que nos acepten? ¿Por qué nos bloqueamos cuando podemos llevar nuestra luz encendida y que nos dé libertad?

Soy Amor

La responsabilidad personal

Volvamos por un momento al poblado con el que abríamos el capítulo, aquel en el que sus habitantes han aprendido a beber esa agua pura y cristalina que sacia la sed, y han abandonado la gaseosa que tomaban antes. Imaginaos que, en vez de llegar a la aldea garrafas con esa agua de vida, los habitantes tuvieran que ir a recogerla a un manantial que está a varios kilómetros de distancia. Seguro que invertirían su valioso tiempo en ir a por ella y que les costaría cargarla hasta el poblado. Sin embargo, todo sería por un buen fin.

Ahora supongamos que, una mañana, llegan a la aldea unos hombres que se autodenominan «exploradores». Poco a poco se van asentando en el pueblo y hacen gala de unos modales muy educados, gentiles, incluso. Van pasando los días y tanto ellos como los lugareños se adaptan unos a otros. Sin embargo, en el fondo, la intención de los exploradores es dominar ese pueblo y a sus habitantes, aunque no dan muestras de ello.

—Es muy cansado que cada día tengáis que ir a por agua. ¡No es necesario! Os ayudaremos para que no perdáis tanto tiempo ni os agotéis. ¿Qué os parece? —les proponen los exploradores a los aldeanos.

—¡Nos encantaría! ¿Cómo lo conseguiréis? —preguntan los aldeanos.

—Haremos que nos la traigan. ¡Ya veréis! —responden.

Por aquella aldea jamás ha pasado un vehículo, así que los exploradores se convierten en sus salvadores al llevar al poblado un camión cisterna a diario que les suministra el agua que necesitan. Los habitantes del lugar solo tienen que acercarse a la plaza donde aparca el camión para recogerla en sus propias garrafas.

¡Todos están muy contentos! El tiempo que antes dedicaban a ir a por el agua pueden usarlo para otras actividades, así que todos se sienten felices y menos cansados. Sin embargo, lo que ellos no saben es que, al agua, los exploradores le han añadido un compuesto que los hará enfermar. Al principio usan dosis bajas que solo les causan pequeñas molestias, pero, poco a poco, toman confianza y las dosis van aumentando, hasta que... gran parte de la población enferma. La debilidad va apoderándose de ellos, los postra en la cama, y nadie sabe cuál es el origen de su dolencia. Viendo la situación, los exploradores les dicen:

—Habéis enfermado, pero no os preocupéis, ¡podemos ayudaros! Tenemos un remedio que os curará.

Entonces les dan una medicación que erradica los síntomas y todos se curan. Cada vez confían más en esos extranjeros que les han facilitado la vida y los han curado. Sin embargo, lo que ellos no sabrán hasta más adelante es que ese remedio cura la debilidad, sí, pero al mismo tiempo les va haciendo perder la memoria.

Final de la historia: poco a poco, los exploradores se hacen con el control del poblado y de todas sus gentes.

¿Qué es lo que ha pasado? Pues está claro, que los han engañado. Pero ¿por qué? ¿Qué sacan con engañarlos? Los convencen para que pierdan su responsabilidad y el dominio de sí, de manera que dependan de algo ajeno a ellos para realizar las tareas cotidianas. ¿Qué tendrían que haber respondido? «No lo hagas por mí, no quiero; yo lo haré, yo iré a por mi agua. Soy responsable del agua que quiero tomar, de esa agua de manantial que voy a buscar, recojo y me llevo a casa. Es una manera estupenda de hacer ejercicio, de estar en forma y fuerte.

Además, durante el camino, estoy conmigo mismo, pienso, me pregunto cosas y llego a posibles respuestas. Cuando tenga hijos, ellos me acompañarán, se harán fuertes como yo, y durante el viaje hablaremos y nos conoceremos. No queremos vuestra agua, gracias». En ese caso, habrían asumido su responsabilidad en la vida y, al valorarla, no hubieran dejado que otros lo hicieran por ellos, con los riesgos que conlleva, como, en su caso, la debilidad y, al final, la pérdida de la aldea.

En el fondo, los habitantes del poblado han dejado de ser conscientes de lo que les costaba ir al manantial, recoger el agua y volver a casa. Y de que aquel caminar los reconfortaba, y usaban ese tiempo encantados. Porque aquel era su cometido. Otros se quedaban en el poblado cuidando a los niños, ese era su cometido. En la vida, todos tenemos que responsabilizarnos de nuestro cometido.

El impostor casi siempre utilizará artimañas: nos dará cada vez más para facilitarnos la tarea con el fin de debilitarnos y luego aprovecharse de nosotros. Para evitarlo, debemos responsabilizarnos de nuestros quehaceres.

¿Quién o qué empieza a responsabilizarse hoy de nuestras tareas? ¿A quién o a qué le estamos dando, de forma voluntaria, la potestad de actuar por nosotros? A la inteligencia artificial, a la IA, por ejemplo. Muchos chavales, cuando se enfrentan a un trabajo en el colegio o el instituto, en vez de dedicarle el tiempo que requiere, el esfuerzo de pensar, contrastar, estudiar, observar, reflexionar y concluir antes de plasmarlo en un documento, haciendo uso de su responsabilidad, han empezado a utilizar la IA para que lo haga por ellos.

Y sí, la IA les hace el trabajo en cinco o diez minutos. «¡Qué maravilla, esto es una pasada!», piensan. Pero, en el fondo, ¿qué es lo que hace la IA? Les impide utilizar el pensamiento, el cerebro, la observación, la capacidad crítica, extraer conclusiones ellos mismos. A la larga, el uso de la IA solo conseguirá debilitar sus capacidades. Recordemos que un impostor primero nos hace sentir bien, nos evita el trabajo y dedicar tiempo a lo importante, y, luego, cuando nos ha debilitado, se aprovecha de nosotros. Es como los exploradores del ejemplo de la aldea: nos ofrece un agua envenenada de la que todos bebemos.

Todos estamos como locos con el ChatGPT, pero ¿realmente nos facilita la vida, o nos debilita como seres humanos? Nos adormece, nos lleva adonde quiere, nos hace decir lo que desea, nos impide razonar, observar, opinar, debatir, concluir. Nos han educado para buscar lo cómodo, y llega ahora esa grandísima comodidad y es muy probable que caigamos. Si no la usáis, seréis de la resistencia, os lo aseguro.

Tenemos la capacidad de responsabilizarnos de nuestros actos y de empoderarnos, pero nos hemos acostumbrado a delegar para que nos hagan la vida más fácil... Confiamos en todo tipo de personas e instituciones, ahora incluso en máquinas para que nuestra existencia sea más cómoda. ¿Queremos que nos cuiden las instituciones, los encargados de dirigir y gobernar, las máquinas, ChatGPT? ¿Queremos que piensen, opinen y saquen conclusiones por nosotros? ¿Dónde queda entonces la responsabilidad personal? Como ser humano, ¿en qué me estoy convirtiendo? En un robot. Con potencial humano, sí, pero un robot al fin y al cabo.

¿Y qué hace un robot? ¿Cuál es su función? Recibir órdenes y cumplir los deseos de su dueño. Nos dirigen, nos ordenan, nos usan. ¿Es eso lo que queremos? Si no lo es, no esperemos a que alguien o algo nos solucione la vida. ¿Queremos dejar nuestra vida en manos de los científicos, de los grandes empresarios creadores de la inteligencia artificial? No. Somos nosotros los que tenemos que solucionar los problemas, así que vayamos todos al río a por agua. Seamos responsables de nuestra vida. Si lo hacemos así, podremos considerarnos seres humanos con capacidades, intuición y sensibilidad. Seremos capaces de observar, pensar, comparar, debatir y actuar libremente. ¡Magnífico!

¿Son malos, entonces, la inteligencia artificial o el ChatGPT? No lo creo. Considero que lo malo es que les demos la potestad de atrofiar nuestras capacidades, nuestro potencial. Quien nos engaña no viene y nos dice: «¡Hola! Vengo a usarte, manipularte, utilizarte y aprovecharme de ti». Al contrario, nos pone la mejor de las caras. Solo evitaremos que nos engañen si nos responsabilizamos de nuestra vida y de nuestros actos, si nos empoderamos desde nuestro centro y nos dejamos guiar por los sentimientos, utilizando la capacidad que tenemos para el raciocinio, para observar, para decidir. Ojo, que lo que digo de ChatGPT no es nuevo. Por ejemplo, antes de la IA ocurría algo parecido con la Wikipedia. Aunque esta enciclopedia de internet parece tener todas las respuestas, siempre debemos cotejar la información (me consta que la de la Wikipedia no siempre es correcta). Pero ¿qué ocurre? Que la gran masa cree en lo que pone en la Wiki o en lo que afirma ChatGPT, de modo que cualquier dato que aparezca en estos medios correrá como la pólvora, aunque sea mentira. Está claro que no debemos dejar nuestra responsabilidad en manos ajenas.

El apego y la libertad personal

Al hilo de lo que he comentado en el apartado anterior, me gustaría diferenciar el amor del apego y relacionarlo con la responsabilidad y la libertad personal. El apego es sinónimo de necesidad, dependencia, encarcelamiento, ausencia de libertad. El ego se apega justo a esa parte que está conmigo, pero no soy yo, pues, en realidad, soy un ser humano de luz, libre, infinito en la existencia e ilimitado. Probablemente a todos nos gustaría vivir sin apegos, pero siempre los tenemos, a uno u otro nivel. Son como las capas de una cebolla, de las que hemos de ir librándonos poco a poco para vivir libres. Estos son los pasos que, en mi experiencia, nos pueden ayudar:

1. Ser conscientes de que vivimos encarcelados para que se genere en nosotros el anhelo de salir de ahí. Quizá nos apegamos a las máscaras de nuestro personaje para que nos acepten; al trabajo, que nos hace sentir realizados y nos da de comer; a alguien; a la estética...
2. Observar el apego y decidir si vamos a trabajar en él para liberarnos, a pesar de la falsa seguridad que nos ofrece.
3. Tomar cartas en el asunto. (Esto sería, de hecho, todo lo que estamos compartiendo en este libro, como tantos otros que, con sus perspectivas particulares y únicas, nos aportan luz en nuestro camino).

Veamos, por ejemplo, los apegos familiares, que son de los más fuertes. ¿Cómo diferenciar en la familia el apego del amor? El amor es libre, no lleva carga de necesidad; sin embargo, el apego conlleva egoísmo, y es una de las emociones más potentes e intensas que existen, pues a casi todos nos han educado así. En ese caso, el apego es casi automático, dado que con la familia nos unen lazos de sangre. Y nos han enseñado que son indestructibles. Quien se separa de la familia es una oveja negra.

Otro de los mayores apegos es al cuerpo físico, pues lo entendemos como el YO, o bien a la vida, de manera que nos aterra morir. No somos este cuerpo físico, solo lo utilizamos. Si vais en bicicleta, ¿sois la bicicleta o la usáis? Estáis encima de ella, no sois ella. Lo mismo sucede en la vida. No somos nuestro cuerpo, somos nuestra esencia divina, extraordinaria, excelsa; somos magia, luz.

Es necesario que seamos conscientes de esos apegos con amor, observándolos sin juzgarlos, ya sean a familiares, al cuerpo, a nuestra profesión... y que trabajemos en ellos. El hecho de que no seamos la bicicleta no quiere decir que no la cuidemos, que no nos importe que se rompa el freno o se pinche una rueda. Lo malo es que nos creamos que somos la bicicleta. Con la familia y con el trabajo sucede lo mismo que con el cuerpo: me siento esclavo, obligado a hacer cosas que de lo contrario no haría, y no tanto por necesidad, sino por el qué dirán.

¿Puede haber apego a una mascota, a un perrito, por ejemplo, a un árbol centenario o milenario, a una pulsera que fue de alguien, a una grabación, a una carta...? ¡Qué cárcel! ¿Cómo puedo liberarme del apego? Yendo a mi esencia, a mi verdadero ser. Ahí no hay cárcel. ¡Qué sensación de libertad, de empoderamiento!

«¿Y cómo saber si es apego o amor lo que sentimos por alguien?», podríais preguntarme. La respuesta es muy sencilla: el amor no viene de la mente egoísta, sino de nuestro ser, y en esos casos no hay miedo a perder a esa persona, solo hay existencia en ese momento. En definitiva, la vida nos sirve para darnos cuenta de que realmente somos. Ese es el sentido de la vida para mí: volver a la esencia, el ser humano de luz que soy, no el cuerpo, no los demás, no mi trabajo o sentirme vivo. El amor es libre, no lleva carga de egoísmo ni de necesidad. Si tiene esa carga, es apego.

El apego

El egoísmo destruye, el amor construye

El cuerpo está formado por millones de células que conforman los distintos órganos corporales. Imaginad que estas células se volvieran locas y comenzase cada una de ellas a pensar que es más importante que las demás. Como todas se creerían mejores que el resto, entrarían en rivalidad, competirían, y caerían en la envidia, la lucha y la destrucción para obtener más reconocimiento y valor por parte de las otras. ¿Podéis imaginaros que se enfrentaran entre sí las células del codo, las de la mano y la del hombro para ver quién reina en el brazo derecho?

Imaginemos que ganaran las células del hombro. En su inconsciencia, creerían que ha sido un éxito acabar con las células del resto del brazo derecho, pues habrían logrado hacerse con él. Pero pronto se darían cuenta de que la movilidad del conjunto se habría reducido muchísimo y que ya no podrían coger nada, pues les faltarían el codo y la mano... A lo mejor, en su locura, entrarían en guerra con el brazo izquierdo y acabarían conquistándolo y, una vez vencido, seguirían con otras partes del cuerpo. Moraleja: un cuerpo armónico y con plenas facultades acabaría siendo débil y sufriría hasta morir... ¿No os parece que, de alguna manera, los seres humanos somos individuos-células que nos estamos separando y debilitando como humanidad? ¿Qué estamos haciendo?

No puedo cambiar lo que hacen los demás, el resto del mundo, pero sí está en mi mano modificar mi comportamiento. Juzgar a otra célula, a otra persona, no es igual de grave que golpearla para robarle, pero no deja de ser un ataque hacia el conjunto de la humanidad. Es muy fácil ver la gravedad de los actos ajenos y nos cuesta mucho reconocer lo destructivo de nuestros propios actos, por pequeños que sean, ¿verdad? Y esto sucede en todos los ámbitos de la vida, incluso en las relaciones de pareja.

Me gustaría ilustrar este apartado con el caso de dos personajes imaginarios: Andrés y Cristina. Un día en que Cristina está sentada en el césped de la universidad leyendo un libro, Andrés, a quien Cristina le ha parecido muy guapa al verla de lejos, se acerca a ella para preguntarle si sabe a qué hora pasa el bus. Se miran, se gustan y, al final, pasan tres horas hablando. Podría decirse que acaban de conectar. Pero un momento: en ese instante no se puede hablar de amor, sino de **atracción**, algo muy distinto.

Después de varias quedadas, deciden empezar a salir, a construir una relación, una burbuja de amor. Como siempre, el inicio es espectacular, lleno de sensaciones maravillosas y fuegos artificiales. Sin embargo, si uno de los dos no está bien (o ambos), es decir, si no siente amor y respeto por su persona, sino que depende del otro de forma consciente o inconsciente, se encontrarán en una situación realmente comprometida y peligrosa, ya que, antes o después, esa burbuja estallará y les hará ver sus respectivas carencias. Cuando se acaba la explosión química de la atracción, se activa el devastador sentimiento del **egoísmo** que exige sin parar a ambas partes, ya que tanto Andrés como Cristina quieren moldear al otro. Sin embargo, las carencias que perciben en el de enfrente, aquello que más les molesta, es el reflejo de lo que, de alguna manera, habita en ellos mismos (a uno u otro nivel) y no les gusta.

Pasado un tiempo, la carencia de Cristina —esa falta de amor y respeto por su persona— le hace ver que Andrés ha cambiado, que ya no es como antes, y este, a su vez, piensa que a ella ya no le importa, que ya no siente lo mismo que al principio. Lo hablan, pero no se ponen de acuerdo sobre quién tiene la culpa de que la relación empiece a hacer aguas, y entran en juego los reproches. Andrés le pide más atención y ella le exige que vuelva a ser el de antes. ¿Y cuál es el resultado?

—¿Recuerdas que la semana pasada yo (egoísmo total) dejé de salir con mis amigas para quedarme contigo? ¿Cómo puedes decirme a las nueve de la noche que te vas con tus colegas a tomar algo? —le reprocha Cristina a Andrés.

Es decir, a veces actuamos por interés para que luego nos traten del mismo modo, como si estuviéramos entablando un negocio o un trueque. Pero resulta que el amor no es eso. Cuando hacemos algo por amor nos sentimos bien, sin esperar el mismo trato por parte del otro. Si Andrés y Cristina no son conscientes de sus imperfecciones —que parten de la falta de amor y respeto hacia sí mismos— para crecer en una misma dirección, acompañándose y ayudándose con respeto y entendimiento de las carencias que tiene cada uno, la pareja entrará en la fase de infección.

Por lo general, en ese momento, se suele hablar de tener hijos para tapar esa carencia afectiva. En ese caso, pueden darse dos situaciones:

1. **Al poner un parche, tienen un bebé tras recuperar la pasión y los fuegos iniciales, al menos en apariencia.** Al principio todo irá bien, pero si esas carencias siguen latentes y se culpa al otro del malestar, se le exigirá que cambie hasta el

punto de que la tensión irá subiendo tanto que la separación será inevitable. En caso contrario, si no se atreven a romper, la convivencia se transformará en un infierno.

2. **Deciden tener el bebé para suplir esas carencias, con la esperanza de que sea la solución a todos los problemas.** ¡Uf! Antes o después, la verdad saldrá a la luz y probablemente uno de los dos, o los dos, usarán a esa criatura para forzar al otro. Y ahí radica el egoísmo que dinamita una posible relación armónica y constructiva.

Si comprendemos que somos seres maravillosos e imperfectos, aprenderemos a instalar el amor en nuestra vida, empezando por nosotros mismos, y seremos capaces de construir una relación en la que compartamos y mostremos nuestras carencias con respeto hacia la otra persona, transmutándolas y transformándolas en aspectos positivos, armónicos para con nosotros y para con el otro.

El problema está en que, cuando comenzamos una relación, si seguimos las indicaciones del ego, que nos hace buscar el amor y el respeto del otro por encima de todo, intentamos ocultar nuestras carencias por miedo a que nos rechacen, y no nos damos cuenta de que justo ahí radica la maravilla de una pareja: compartir las carencias mutuas y, con amor, ir transformándolas juntos, creciendo de la mano.

Para ir creciendo como seres humanos, primero debemos identificar nuestras carencias de forma individual y luego en pareja, en equipo, una palabra que el ego detesta, pues es sinónimo de «unión». Por supuesto, habrá momentos difíciles, pero es la oportunidad de aprender de ellos. Si existe amor de verdad y no se actúa desde el egoísmo, cada vez habrá más unión libre, comprensión, entendimiento, empatía, cariño, compasión... y todo ello redundará en el amor.

El respeto y la aceptación del otro y sus carencias es la pieza clave para recorrer un camino juntos y, gracias a ello, crecer como seres humanos y como personas. Y esto no solo sucede en las relaciones de pareja, sino también en las relaciones de amistad, familia y trabajo... Es fundamental que nos respetemos y aceptemos a nosotros mismos para luego ser capaces de aceptar a los demás y, desde el agradecimiento mutuo, crecer junto al otro. **Si existe amor en la relación, no hay lugar para el conflicto.**

Ejercicio. Actúa desde el amor

Os voy a proponer la siguiente práctica que podéis implementar en vuestra vida. Cada día, elegid tres actos que hagáis desde el amor. Puede ser algo tan sencillo como recoger una botella del suelo en la calle (estáis amando a vuestros vecinos, que verán la acera más limpia), no juzgar a alguien que esté haciendo algo con lo que no estemos de acuerdo, ayudar a cruzar la calle a alguien que lo necesite, alcanzar un bote de la estantería del súper a alguien que no llegue...

Elegid lo que más os guste o en la medida de vuestras posibilidades. Todos estos actos hechos desde el amor, desde el altruismo, os harán sentir bien, en plenitud. Como también lo hará el buscar tres o cuatro actos de amor hacia vosotros mismos.

Mi proceso

No sé si os esperabais un «Abracadabra» o algo en extremo complicado, pero mi práctica es muy sencilla. Cada mañana al abrir los ojos, me digo: «Soy un ser humano divino y maravilloso, y me amo, me respeto y me acepto como soy. Mi día se centrará en respetarme, amarme y aceptarme en todo momento. Si veo que juzgo, borraré ese juicio, como si tuviera una goma, y me repetiré que me amo, me respeto y me acepto. Voy a amar, aceptar y respetar a los demás, voy a escucharlos siempre con amor, respeto y aceptación, nunca juzgándolos. Y hablaré siempre con respeto, amor y aceptación».

Lo que me digo por la mañana, me lo repito a lo largo del día, no cada dos o tres horas, sino **todo el día**. Si en algún momento no lo hago, no me juzgo por ello, simplemente retomo la práctica. Esto no significa que siempre esté de acuerdo con los demás ni que todo me guste. Puedo no coincidir con una opinión, por supuesto, y no tengo que hacer lo que no quiero; quizá no me guste algo, pero aun así amo, respeto y acepto.

En definitiva, cada día **tomo conciencia de quién soy y me trato con respeto**. Es simple, pero la sencillez puede tener mucho poder si se lleva a la vida de forma adecuada y continuada.

Hace más de treinta años, cuando empecé, no me hablaba así, pero el espíritu era el mismo: mantenía un diálogo continuo y agradable conmigo mismo. Y esto es lo que quiero invitaros a poner en práctica. A lo mejor al principio os incomoda deciros que os amáis. Si os sucede, cambiad el verbo «amar» por «querer», para no atragantaros. Decíos cosas agradables, las que os parezca que podéis aceptar. Si lo hacéis a diario, os iréis soltando, pero no os exijáis ni desistáis. Yo comencé de forma autodidacta y, poco a poco, fui plantando la semilla, regándola, cuidándola, hasta que se convirtió en un árbol y comenzó a dar fruto. Y entonces lo cogí, lo lavé, lo pelé y me lo comí.

¿Qué más hice al principio? Por aquella época, solía correr bastante, y me propuse que, cada vez que me cruzara con alguien, diría «Te amo» y «Me amo». Imaginad, ¡podía cruzarme con trescientas o cuatrocientas personas al día! Luego entraba en la pista y, cada vez que daba un golpe, en vez de juzgarme y analizar si había ido corto o largo, si había entrado o no, si había sido bueno o malo, me repetía «Me amo» o «Me respeto». ¡Haced la cuenta de la cantidad de veces que me lo decía al día!

También decidí seguir un ritual al acostarme y levantarme que llamé la «Lista mágica». El objetivo era escribir cosas agradables sobre mí: lo que fuera, desde el plano físico —los lóbulos de las orejas, los pómulos, los labios, los dientes, la barbilla, la nariz, la coordinación, la resistencia, la fuerza...— hasta el mental o emocional. Al principio me era imposible escribir una sola cosa bonita sobre mí... Me había puesto como objetivo apuntar diez aspectos que me gustasen y no era capaz de anotar el primero. ¿Os imagináis? Qué desastre, pensaba. Y ¿sabéis qué hice? Pedí ayuda. Me acerqué a la gente que me quiere y los invité a que me ayudaran a completar la lista con cosas que les gustaran de mí. Para sorpresa mía, todo el mundo aportó dos o tres cosas buenas.

Si os atrae esta idea, escribid vuestra lista.

Ejercicio. La lista mágica

Coged papel y boli y anotad todo aquello que os guste, todo lo positivo de vuestra persona física y de la interior. Un ejemplo podría ser:

Me gusta mi nariz.	Me gustan mis cejas.
Me gusta mi estatura.	Me gusta cómo hablo.
Me gustan mis manos.	Me gusta el color de mi piel.
Me gusta el color de mi pelo.	Me gusta la textura de mi piel.
Soy listo.	Sé escuchar.
Soy espabilado.	Soy comprensivo.
Soy buen amigo.	Soy buena persona.
Me gusta mi sensibilidad.	Me gusta mi sonrisa.

Incluid un mínimo de diez rasgos que os gusten; no importa que haya sinónimos. Cuantos más rasgos, mejor. Todo vale, hasta el más mínimo detalle. Hacedlo una vez al día y, si os apetece repetir el ejercicio a lo largo de la jornada, mejor. En este medicamento no hay sobredosis... Poco a poco, os daréis cuenta de que vais agregando nuevas cualidades.

Evitad anotar las características positivas que identifiquéis o que os digan como si fuerais un robot; cuando las apuntéis, tomaos un segundo para vivirlas, interiorizarlas, visualizarlas e imaginarlas en vosotros. Poco a poco os daréis cuenta de que, a medida que vayáis repitiendo la lista, comenzarán a ocurrírseos más cosas. Experimentad con la fórmula que os resulte más adecuada, la que os haga sentir más cómodos y fieles a vosotros mismos.

No sé explicar en qué consiste el universo, a dónde nos lleva o cuál es su propósito, pero tenemos que seguir las señales hacia ese AMOR con mayúsculas. Si elegimos el camino del amor, no nos equivocaremos jamás. Todo lo que penséis, hagáis o sintáis, hacedlo siguiendo el camino del amor. Eso es lo que yo percibo con fuerza, en lo más profundo de mi ser.

Todos somos seres divinos y maravillosos, llenos de carencias divinas y maravillosas. Todos necesitamos ese alimento esencial de nuestro ser que nos dan el amor, el respeto y la aceptación, y lo buscamos siguiendo lo que nos ha enseñado la sociedad, es decir, a través de tener, ganar y sentir la aprobación y admiración de los demás, un error que nos hará vivir en el miedo y la inseguridad, y nunca nos proporcionará una base estable. Donde se gana, luego se pierde y, si algo se salva de la pérdida, viviremos con el miedo de que nos lo arrebaten y la tensión de tener que conservarlo.

Si os amáis, os respetáis y os aceptáis por ser personas, amaréis, aceptaréis y respetaréis a los demás, y eso hará que estéis cada vez más llenos por dentro, que no necesitéis la aceptación ajena y que os enfrentéis a las circunstancias con entereza.

En el deporte de competición, seréis capaces de desarrollar al máximo vuestras capacidades y de disfrutar practicándolo, y el resultado de la victoria o la derrota no se convertirá en un dictador que carcoma el resto de vuestra vida.

Visualización

Otra herramienta que utilizo mucho es la visualización, y me gustaría contaros en qué consiste. Según mi opinión y mis vivencias, hay dos maneras de aprender: a través de la interiorización sensitiva, mediante la visualización (como veremos más adelante), o de forma mecánica, haciendo uso de la repetición. Esta última es la forma convencional de lograrlo, con la que yo aprendí y la que aún impera a día de hoy. Consiste en que, cuanto más repitas un movimiento o golpe, más tuyo lo harás. También hay otras técnicas, como la de que el entrenador se ponga detrás del jugador y le pida que relaje el cuerpo y que no haga nada mientras él le coge los brazos y ejecuta el movimiento para que el jugador lo sienta e interiorice. No voy a juzgar qué manera es mejor o peor. Como siempre digo, es cuestión de elegir la que más le convenga a cada uno.

La técnica que, según mi experiencia, es más efectiva y la que más me gusta es la **interiorización mediante la visualización**. Es extraordinaria y mágica: al ejecutarla, la información se nos queda grabada, y tanto el tiempo que necesitamos para practicarla como el castigo al que sometemos a las articulaciones y los músculos es inferior.

Movilizamos el cuerpo gracias a las órdenes que le da la mente. Algunas son automáticas y otras conscientes. El corazón se mueve solo, pero para mover el brazo derecho tengo que darle la orden de hacerlo. Si imagino con detalle mi cuerpo realizando un movimiento, lo ayudo a interiorizarlo, a hacerlo suyo. Si visualizo mi movimiento de derecha tal como quiero hacerlo, cuando termine la visualización y ejecute el golpe, de manera mágica, este se acercará a la imagen que he dibujado en mi mente. No me creáis a ciegas, probadlo.

Ejercicio. La visualización

Vamos a poner en práctica esta técnica. Para ello, seguid estos pasos:

1. Sentaos en un lugar tranquilo. El momento ideal, al menos para mí, es justo antes de levantarme de la cama por la mañana.

2. Cerrad los ojos y hablaos mentalmente con mucho cariño, con comprensión, con dulzura.
3. Mantened este diálogo interno entre tres y cinco minutos. Más adelante, podéis alargarlo todo lo que queráis.

Quizá al principio no notéis nada; es más, a lo mejor os sentís ridículos, sobre todo si sois varones, pero si lo hacéis cada día, en poco tiempo agradeceréis haber empezado a practicar la visualización.

Este sería el ejemplo de mi visualización personal: cierro los ojos, me acaricio mental o realmente y me digo: «Hola, José. Quería desearte un buen día y recordarte que te amo tal y como eres, no por lo que puedas tener o conseguir, sino porque eres una persona. Me encanta estar a tu lado, es maravilloso percibir tu sensibilidad y bondad. Te invito a que hoy prestes más atención al aire que respiras, al sol que te calienta, al viento que te refresca... Me gusta estar contigo, disfrutando de tu compañía. Gracias por estar ahí para mí».

Cuando hablo de visualizaros de forma positiva no me refiero a que os veáis alcanzando el éxito, ganando partidos, teniendo dinero para compraros una casa o un cochazo... ¡No! Sentíos en paz, sosegados y en calma. Sed respetuosos con vosotros mismos, aunque al principio os cueste. Visualízate con una sonrisa, en calma, empoderado y seguro.

Los niños visualizan con facilidad, ven e interiorizan utilizando menos la mente que los mayores. De hecho, aprenden rapidísimo y lo hacen de una forma que no se les olvida. Los adultos estamos más en la mente y tardamos más en aprender, interiorizar y retener. Lo que hemos asimilado de niños no se olvida, pero lo que aprendemos de mayores... eso ya es otra cosa.

Voy a poneros un ejemplo. En el tenis tenemos varios tipos de revés: el revés cortado, el plano y el liftado. El plano casi no se usa; el que más se utiliza, sobre todo en el tenis español, es el liftado. De niño, jugaba con el revés cortado y el plano, pero nunca usaba el liftado. Mis entrenadores intentaban enseñármelo, pero no había manera, me sentía bloqueado. Creo que el mensaje que mandaba a mi cuerpo era: «Es un golpe muy difícil, no seré capaz de ejecutarlo». Pero llegó un día en que cerré los ojos y me imaginé haciendo bien el revés liftado. A partir de ese día en el que trabajé la imaginación, ¡el cambio fue radical!

—¡¡Joder, estás haciéndolo!! ¡Lo estás cogiendo! ¿Qué ha pasado, Pepe?

Yo estaba entusiasmado. Cuando no me tocaba jugar y me quedaba en la grada, cerraba los ojos y me dedicaba a visualizarme haciendo el golpe. El entrenador se me quedó mirando y me preguntó:

—Pepe, pero ¿qué haces con los ojos cerrados?

—Estoy visualizando mi revés liftado.

En cuanto me tocó el turno de nuevo, él comenzó a tirarme bolas y empecé a hacer mi revés cada vez mejor.

—¡Otra vez! Es increíble.

De esa manera, el revés liftado se convirtió en uno de los golpes que más usé durante mi carrera tenística.

En vista del éxito, decidí utilizar esta técnica para cansarme menos. Para ello, comencé a visualizar mis pulmones abriéndose más de lo normal, como si tuvieran más capacidad. En consecuencia, me imaginé con más energía y... ¡funcionó! La visualización se convirtió en mi compañera, y empecé a usarla en muchos ámbitos, siempre con buenos resultados. Recuerdo que, al final, el entrenador me decía: «Bueno, Pepe, haz lo que te dé la gana, porque te va de cojones». No se lo creía, pero le daba igual: funcionaba.

He vivido la eficacia de la visualización en mis propias carnes. Para mí, es una realidad indiscutible, así que siempre comparto esta técnica con los chicos a los que entreno. Considero que es más rápida y eficaz que la repetición, como si viajásemos en avión en vez de en coche.

De media, en nuestra escuela solemos pasar una hora trabajando la condición física y dos entrenando en la pista. No hace falta más tiempo. Quizá a muchos os sorprenda. No me extraña, porque, si me lo hubieran dicho a los diecisiete años, no lo habría entendido. En realidad, nos sobra con ese tiempo. A los escépticos les invitaría a no juzgarlo hasta que lo experimentaran. No necesitamos más porque trabajamos la táctica y la técnica a través de la visualización, enseñando a los jugadores a imaginar de una manera muy vívida.

Para conseguirlo, lo primero es «llamar a la puerta» del jugador, aunque sea un niño de diez años. Voy a ilustrarlo con un ejemplo de una práctica cotidiana en la escuela, sobre todo los primeros días. Imaginemos que el entrenador ve que el tenista puede mejorar el golpe. En ese caso, se le acerca y le dice:

—¿Cómo te sientes con la derecha? ¿Crees que tienes margen de mejora?

Si dice que no, la conversación termina aquí. Si su respuesta es afirmativa —lo más normal—, el entrenador contesta:

—Sí, yo también lo creo. Y ¿qué crees que podrías mejorar? ¿Qué necesitas para conseguirlo?

A medida que el jugador le va dando permiso para que profundice en el tema, el entrenador lo acompaña. El jugador irá enumerando lo que cree que les falta a sus golpes, por ejemplo, control y fuerza.

—Perfecto, eso se puede trabajar. ¿Te parece si nos centramos en eso? ¿Te gustaría tener más control y fuerza?

«¡Hombre, claro!!», contestará el jugador.

—Entonces ¿puedo compartir algo contigo?

En ese momento, el entrenador tiene la puerta abierta para acceder a su interior, dado que el tenista le ha dado paso, y ya puede darle su opinión:

—Creo que estás acortando el golpe, y por eso va

con poca potencia. ¿Tiene sentido para ti? ¿Sí? Pues ya hay aquí una dirección en la que trabajar. Me da la sensación de que, al golpear, llevas los hombros hacia un lado. El tenis es un deporte de potencia y puntería, y llevar los hombros hacia un lado no te beneficia. ¿Qué te parece si te colocas de esta manera?...

Esos diez minutos de conversación son muy productivos. No se trata de decir «Haz esto» y ya está, pues ahí no hay amor ni respeto. Si queremos que la persona se abra y comparta sus opiniones, no podemos pasar por encima de ella. Este primer paso es vital. Con este acercamiento conseguiremos que el jugador comparta su objetivo, y ya estará todo ganado. Habrá llegado el momento de utilizar la visualización:

—Si te parece, cierra los ojos. Vamos a estar unos minutos en silencio. Verás que esta quietud te hará entrar en un estado de bienestar. Ahora, visualiza e imagina ese golpe del que acabamos de hablar y siéntete dándolo tal y como hemos dicho, de una manera muy vívida, con todos los detalles...

Entonces el entrenador deja que el jugador lo vaya interiorizando, sin hablarle, durante unos diez segundos.

A continuación, le habla mientras el jugador visualiza el golpe: «Sí, señor, ahora lo has hecho muy bien, has alargado el golpe controlando los hombros...». Luego deja que el jugador continúe visualizándose unos segundos y después le pide que abra los ojos y comience a lanzarle bolas. En ese instante, se produce la magia. Y todo se lo debemos a la ley de la atracción.

La ley de la atracción

La visualización hace que nuestra vida vibre de otro modo y que estemos preparados para atraer cosas en consonancia con esta nueva forma de vibrar. No voy a entrar en tecnicismos para explicaros esta ley de la que quizá ya hayáis oído hablar, pero, según ella, lo semejante se atrae, es decir, según cómo sean nuestros pensamientos, positivos o negativos, atraeremos a nuestra vida acontecimientos buenos o malos.

El universo está compuesto de energía, es decir, vibración, vida. El miedo es la vibración más densa y baja, mientras que el amor es la más alta y sutil. Si esta ley dicta que lo semejante se atrae, significa que los estados de miedo y temor nos hacen vibrar bajo, lo que atrae a nuestra vida acontecimientos y personas de ese nivel vibracional, es decir, enfermedades o malas situaciones personales o laborales. Por el contrario, si vibramos en amor, alcanzaremos la paz y la armonía.

Para vivir con plenitud, lo fundamental es que nos conozcamos, que sepamos cómo somos, quiénes somos, y para ello necesitamos identificar nuestras emociones. Se suele decir que hay emociones buenas y malas, pero creo que esta clasificación no responde a la realidad. Toda emoción que sentimos, sea positiva o negativa, nos lleva a conocernos, y solo si sabemos quiénes somos podremos amarnos, respetarnos y aceptarnos. En el siguiente capítulo, nos adentraremos en las distintas emociones del ser humano.

3

La mente y las emociones

Cuando un jugador tiene buena forma física y controla los aspectos clave técnico-tácticos del juego, su rendimiento depende en un 70-90 por ciento de su estado mental y emocional. Pongamos que un tenista entrena unas cinco horas al día, de las cuales dedica un 20 por ciento del tiempo a su forma física y el 80 restante a los aspectos técnico-tácticos. ¿Dónde queda el entrenamiento mental y emocional? La mayoría obvia este tema, y en ella incluyo a muchos profesionales de alto nivel. En el mejor de los casos, alguno trabaja con un psicólogo deportivo. ¿Diariamente? No, una vez cada dos semanas. Hay quienes le dedican algo más de tiempo, pero solo si no se encuentran bien. Salvo excepciones, esta es la realidad. Sin embargo, nadie duda de que el aspecto más importante es el mental-emocional. Se puede jugar a nivel profesional sin una técnica depurada, pero no si falta equilibrio emocional. Cuando un tenista no está equilibrado, todo le sale mal: concentración, golpes, ritmo, resistencia, etc.

En mi opinión, hay que trabajar el **aspecto emocional** desde los inicios de la carrera de un tenista, ya que es el pilar de un jugador equilibrado, y solo así podrá rendir al máximo. Si velamos por esta práctica desde que son pequeños, se asentará en ellos. Poco a poco irán logrando un mayor control técnico y táctico, pero será imprescindible que se centren en el aspecto mental y emocional.

En nuestra escuela, como veréis en el capítulo 6, todo el mundo entrena dos horas diarias, durante las cuales siempre está presente el trabajo emocional. Como ya os podréis imaginar, consiste en ayudar al jugador a **centrarse en su persona**, no en su personaje, como camino para jugar en un estado de armonía emocional.

Cuando un jugador comete un error técnico, el entrenador le acompaña a resolverlo, le explica cómo hacerlo. Si no pasa bien la red, le ofrece herramientas, técnicas y consejos para que lo logre. ¿Y qué hace cuando ve que el jugador está enfadado o nervioso? Le suele decir: «Tranquilo, no te alteres», pero, a diferencia de lo que hace con la red, no sabe enseñarle a conseguirlo. Tuve un entrenador que me gustaba mucho y al que quería de verdad. Yo era muy impulsivo y estaba tenso, nervioso y angustiado. Recuerdo a ese hombre, que fumaba sin parar fuera de la pista, diciéndome: «Tranquilo, tranquilo, tranquilo...» mientras no paraba de encenderse un cigarrillo tras otro. Un día me volví hacia él y le espeté: «¡Coño, tranquilo! ¡Una mierda tranquilo! ¿Y tú? ¿Cómo cojones me quedo tranquilo? ¡Enséñame a estar tranquilo! ¿O es que tampoco tú sabes tranquilizarte y por eso te fumas dos paquetes al día?».

Tradicionalmente, no se hace trabajo emocional. Con esto no estoy diciendo que yo haga bien las cosas y los demás no. Por favor, no penséis que escribo esto para juzgar a nadie; solo quiero compartir mi camino con vosotros y transmitiros la importancia que le doy a este aspecto.

Pensad en un coche, uno de esos fabulosos con los mejores amortiguadores, neumáticos, frenos, motor, tapicería y todo tipo de detalles increíbles. ¿Qué ocurre si no tiene gasolina, o si le falta carga, en caso de que sea eléctrico? ¿De qué le servirán sus fantásticas características? Sin gasolina o batería, el resto dará igual. Pues con un jugador pasa lo mismo: ya puede tener un físico espectacular, una técnica refinada, unos golpes increíbles y una visión táctica infalible que, si no está en armonía emocional y mentalmente, no se moverá. ¿Y cuál es la gasolina o la batería del jugador? Seguro que a estas alturas ya podéis contestar a esta pregunta: **AMARSE, ACEPTARSE Y RESPETARSE**, centrándose en que es como todos, un ser humano divino y maravilloso que no depende de sus logros o fracasos para estar bien.

Todos los tenistas hacen un calentamiento físico tradicional y, a continuación, ensayan sus golpes. Sin embargo, para nosotros, una parte esencial de la formación de todo alumno es tomar conciencia de lo que somos y decidir que, durante el partido, vamos a tratarnos como a seres humanos, a concienciarnos de que, cuando cometamos errores —que ocurrirá—, nos trataremos con respeto, aceptación y amor.

Al igual que durante el entrenamiento diario, el aspecto mental y emocional también tiene que estar presente en el ritual previo tanto al entrenamiento como al partido, y por eso es básico hacer un **calentamiento emocional**. ¿No decimos siempre que las emociones son lo más importante? Pues entonces debemos ser consecuentes. El calentamiento emocional consiste en tomar conciencia de que, antes que tenistas, somos seres humanos que nos amamos, nos aceptamos y nos respetamos. Durante el tiempo en que juguemos, cometeremos aciertos y errores, pero experimentaremos ambas cosas con respeto, amor y aceptación. Huiremos del automatismo de enjuiciarnos o criticarnos y haremos una visualización del trabajo que desarrollaremos durante esas horas. Cuando terminemos, cerraremos el entrenamiento dando las gracias, sintiéndonos agradecidos por entrenar en el deporte que nos gusta, tener el cuerpo sano y disponer de pistas de tenis, raquetas, pelotas y zapatillas deportivas, sin las cuales no podríamos jugar. En definitiva, el objetivo es agradecer todo lo que parece fácil, pero que, siendo conscientes de cómo es el mundo, hemos de valorar como un privilegio.

En este capítulo veremos cómo influyen cada una de las emociones y los distintos estados del ser tanto en el tenis como en la vida. Si averiguamos cómo podemos trabajarlas, evitaremos que nos quiten la paz y conseguiremos que nos hagan crecer como seres humanos maravillosos. Esa es nuestra esencia.

Sufrimiento

Hace unos días estaba viendo el reportaje de una tenista de muy alto nivel en el que contaba los difíciles momentos que estaba viviendo, el sufrimiento que padecía, el vacío que sentía, los miedos que la acechaban... Al final del programa decía la palabra «conquista», pues acababa de ganar un importante torneo. A continuación, en la rueda de prensa, afirmaba que todo ese sufrimiento había valido la pena.

Este documental despertó en mí sentimientos, pensamientos y emociones de empatía hacia ella. Sí, había sufrido mucho para llegar hasta allí, pero acababa afirmando que había valido la pena. ¿Qué hacemos en nuestra vida? Vivimos muchos momentos de dolor, de sufrimiento, de sacrificio, de malestar para tener un instante de «conquista» que quizá dure horas, días, no más de unas semanas. Para ser sincero, no creo que llegue a tanto. Ese instante de «Lo he conseguido» merece la pena, sí, pero a la semana siguiente la persona estará compitiendo de nuevo y necesitará repetir ese éxito, porque, si no lo hace, no volverá a sentirse de ese modo. Y regresará el sufrimiento. Esa necesidad de conseguir algo una y otra vez parece una droga, pero no química, sino emocional. Y no importa lo mal que lo pase esa persona si recupera ese instante que la activa, que la motiva, que la ilusiona... Y esta idea me hizo despertar.

¿Qué es la vida? ¿Qué sentido tiene? ¿Para qué queremos vivir? ¿Qué hacemos con nuestra vida? ¿Qué esperamos de ella? Utilizamos decenas, cientos, incluso miles de momentos —minutos, horas, días, semanas, meses...— para alcanzar la anhelada alegría, pero no nos equivoquemos: más que alegría es euforia, como distinguiremos más adelante.

En la rueda de prensa del documental, le planteaban a la tenista preguntas similares a las mías:

—¿Qué esperas de la vida?

—Disfrutar —contestaba.

¿Es esa su forma de disfrutar? ¿Pasarse el día sufriendo por conseguir un triunfo, un instante que se desvanece en unas horas, e intentar conseguirlo de nuevo a base de miedos, dolor, sufrimiento e inseguridad? Para ella, el camino es ese: el esfuerzo, el dolor, el sufrimiento. No quiero decir que en la vida no haya que esforzarse y mantener la disciplina, que no haya momentos de incomodidad y congoja. Lo que me niego a admitir es que el dolor y el sufrimiento se conviertan en la norma.

Someternos a algo para conseguir por un instante la ansiada alegría (que para mí es euforia, como veremos), que se desvanecerá y habremos de intentar alcanzarla de nuevo, es caer en el mismo círculo vicioso en el que se ven atrapados los drogadictos: ansían conseguir dinero para comprar droga y evadirse, pero, cuando lo consiguen, se la toman y, en cuanto se les acaba la sensación que les genera el chute, buscan más pasta por todos los medios para comprar más droga y volver a colocarse. ¿Para qué les sirve eso?

La vida no es bella, por eso nos queremos evadir; no es un regalo, por eso queremos huir de ella. ¿Por qué luchamos tanto por vivir o, mejor dicho, por qué luchamos tanto por sobrevivir? La vida es un acto de continua supervivencia. Entonces, no es tan maravillosa... ¿Por qué nos agarramos a ella? Es algo natural, pero, si es tan preciada, si es tan valiosa, ¿por qué sufrimos? ¿Cuál es la pieza que no encaja? A nivel personal, me ayuda observar y observarme en este contexto que llamamos «vida».

Para mí, la vida es mi experiencia. Más allá de eso, debo preguntarme: ¿qué hay en mi interior? No soy solo un trozo de carne, un montón de huesos y músculos, de masa encefálica, ¿no? ¿Qué es la vida? ¿Qué deseo de ella, qué hago con ella? La vida son sentimientos, observaciones, reflexiones...

Si me paso el día sufriendo, buscando algo que me genere un momento de euforia para que luego se desvanezca y tener que volver a buscar y conseguir otra cosa, ¿qué sentido tiene? ¿Tiene que ser sufrimiento la vida?

Da igual que al final de ese camino espinoso haya un delicioso pastel que me siente genial. Me producirá una euforia momentánea antes de volver a caer en el vacío existencial. No quiero que mi vida sea sufrimiento. Y podríais decirme: «Vale, Pepe, entonces no lo conseguirás». Sí, lo haré: desde el bienestar, la alegría sincera, la felicidad y la armonía. Si estáis dispuestos a conseguirlo, estaréis más cerca de alcanzar vuestro sueño, os lo aseguro.

¿Y cómo lograrlo? La única forma que conozco es cuando busco la felicidad en mí, cuando intento encontrar ese amor que hemos visto en el capítulo anterior, ese que empieza por mí, para luego tener la posibilidad de ofrecerlo a los demás. Es una felicidad que no puedo tocar; soy incapaz de verla, pero la siento, y sé que me sumerge en un estado de armonía, de agradecimiento por la vida. Si alcanzo ese sentimiento, la vida se convierte en una sucesión de acontecimientos que, sean cuales sean, no impedirán mi bienestar. Si aprendo a cuidarme y, por ende, a cuidar de los demás, mis actos partirán del amor y tenderán a él. Y eso nos hace sentir bien a todos.

Volvamos a la tenista del reportaje. Si estuviera llena de vida real, llena de amor, respeto y aceptación tanto por ella misma como por los demás, no iría al torneo a conquistarlo, sino a jugar, pues ganarlo no sería el alimento de su vida. Por lo tanto, dejaría de sufrir. Cuanto más se acerque a este AMOR con mayúsculas desde dentro, más sentido tendrá la vida exterior para ella. Y uno de los mayores motores del sufrimiento es el miedo. ¿Miedo a qué?

¿Qué es para ti la vida?

Miedo y ego

Voy a intentar explicar el porqué de los miedos, qué los produce y de dónde nacen. Una vez observado por qué y de dónde vienen los pensamientos y sentimientos negativos, expondré alternativas y soluciones para, finalmente, acercarnos al bien que nos producirá el cambio.

Cuando me enfrento a cualquier reto en la vida, ya sea en la pista o fuera de ella, quiero ganar, deseo que salga bien. Esa es mi prioridad. Eso conlleva el miedo a perder, lo cual me provoca emociones tan desagradables como son el estrés, la angustia, la ansiedad, la inseguridad, la presión, los nervios y el malestar. Y todo esto influirá en mi nivel de juego, que bajará considerablemente. Debido a ello, mi forma de actuar no será la más idónea y me costará más ganar.

Mi prioridad es ganar:

No me quiero ni me respeto, me siento vacío.	Solo si gano, recibiré atención.	Me da miedo perder.	Siento malestar, angustia, estrés, tensión.	No puedo dar lo mejor de mí; nivel de actuación bajo.

Ahora imaginemos que me enfrento a esa situación, que salgo a la pista sintiéndome bien conmigo mismo, sin exigirme, queriéndome y respetándome como el ser humano que soy, de la misma manera que debo aplicarlo en todos los aspectos y ámbitos de mi vida. En ese caso, estaré tranquilo y actuaré de la forma más adecuada, pues rendimos mejor cuando estamos en paz con nosotros mismos, aceptándonos. ¿Qué pasará?

Mi prioridad es amarme:

Me quiero y me respeto, aceptándome.	Me siento en calma y armonía.	No me importa ganar o perder: ya tengo lo que necesito.	Estoy tranquilo y relajado.	Doy lo mejor de mí; nivel de actuación óptimo.

Por lo tanto, si estoy tranquilo, si me quiero y me acepto, superaré los retos de la vida, ya sea un partido de tenis o cualquier otro desafío al que me enfrente, de una forma mucho más armónica. Sin embargo, como norma general, ante un reto solemos optar por la primera forma de actuar. «¿Y cómo puedo estar tranquilo, Pepe?», me preguntaréis. Primero intentemos saber por qué se producen esos miedos para ver después cómo actúan sobre nosotros y, por último, cómo atajarlos. Es como cuando un electricista, antes de empezar a cortar cables y empalmarlos, tiene que averiguar qué ha provocado la avería.

Según hemos visto en el capítulo anterior, el ser humano está formado por lo que vemos, el cuerpo físico, y lo que no vemos, aquello que está en su interior. Ya lo llamemos energía, espíritu, ser..., algo hay, de eso estamos seguros. Todos sabemos alimentar el cuerpo físico, pero lo que alimenta nuestro interior es el cariño, el amor propio. Si no hago lo que los otros esperan de mí, si no pago ese peaje, desde edades muy tempranas aprendo que no me darán el alimento interior que necesito, así que, cuando me enfrento a un examen, una prueba de la vida, un partido de tenis o una complicada reunión de negocios, aparece el miedo a no conseguirlo y a quedarme sin ese alimento amoroso que necesito.

Una vez me contaron esta historia:

En un lugar al sur del continente africano existía un mercader muy poderoso que controlaba el agua de todo el poblado, pues el único pozo que había era de su propiedad. Gracias a eso, tenía poder absoluto sobre la aldea.

Todo lo que él decía debía acatarse sin objeción, ya que, en caso contrario, amenazaba al desobediente con castigarle sin agua. Por eso, todas las personas vivían en un estado continuo de inseguridad, miedo y dependencia de él, dado que nunca sabían si, al día siguiente, obtendrían el agua que necesitaban para vivir o morirían por deshidratación. Esta situación se mantuvo durante años.

Sin embargo, un día, un joven lleno de confianza, coraje y fe pensó que ese pozo no debía de ser el único, que quizá habría otros, y decidió encontrarlo no solo para él sino también para el poblado. Así, nunca más tendrían que temer al mercader ni actuar en contra de su voluntad. Y así sucedió: aquel joven valeroso y esperanzado encontró un pozo aún más grande que podía abastecer a toda la aldea.

Desde entonces, los lugareños se sintieron libres, pues habían logrado lo más importante: su propia agua.

Si consigo mi propio pozo de amor, si no dependo de la voluntad de los demás para lograr el alimento que necesita mi interior, me libro de los miedos.

¿Cómo no va a haber miedo a perder, a no conseguir aquello que anhelamos? **Si mi bienestar depende de la victoria, perder es un desastre.** De ahí nace el miedo paralizante que, entre otras cosas, lastra el potencial. No conozco técnicas mágicas para librarse del miedo a la derrota. Quizá algunas sirvan para atenuarlo, pero no nos salvarán de él. Solo nos libraremos del miedo si no tiene dónde mordernos, algo que no ocurre nada más que cuando nos centramos en nuestra persona y nos alejamos de la ilusión que nos hace pensar que somos nuestro personaje.

Cuando os enfrentéis a una situación complicada en la vida, seguro que oiréis en vuestro interior una voz que os recordará que todo depende de vosotros y que tenéis que hacer lo imposible para conseguir eso que pensáis que necesitáis. Y cada pequeño paso que deis será decisivo para alcanzar vuestra meta, así que tenéis que poner toda la carne en el asador. Es lo mismo que le sucede al jugador que, en un partido importante, llega a un *breakpoint* o a un *matchball* a favor o en contra: aparecerá esa vocecilla que le dirá lo importante que es ese punto, que no lo puede perder. En ese momento, volveos hacia la voz y enfrentaos, desafiantes, a ella. El diálogo que puede establecerse entre vosotros y el miedo quizá se parezca a este, que voy a plasmar en tono tenístico:

—¿Por qué no puedo perderlo? ¿Qué pasa si lo pierdo?

—¿Cómo que qué pasa si lo pierdes? Pues que igual pierdes el juego.

—¿Y qué pasa si pierdo el juego?

—Pues que es probable que pierdas el set.

—¿Y qué pasa si pierdo el set?

—Pues que igual pierdes el partido.

—¿Y qué pasa si pierdo el partido?

—Pues que, al terminar, nadie te dirá lo mucho que vales, que eres un fenómeno, que lo has hecho estupendamente, que eres muy valiente, que tienes una capacidad increíble.

—¿Y a mí qué me importa?

—¿Cómo que a ti qué te importa? Sin eso, ¿con qué te alimentarás?

—Pues de mi amor hacia mí, de mi respeto y aceptación propios, del profundo agradecimiento que tengo por ser lo que soy hoy.

Y ahí el miedo no os podrá morder.

Imaginaos que en vuestra casa hay un cuarto de baño que huele muy pero que muy mal. Me refiero a un olor tremendo, de esos que te impiden acceder a un lugar. Decidís solucionarlo a base de productos de limpieza y potentes ambientadores, pues estáis convencidos de que así acabaréis con el hedor. Habrá momentos en que parecerá que se haya ido, pero solo lo parecerá, porque el olor seguirá ahí. Ahora imaginaos que contratáis a un experto para arreglarlo. El hombre sale fuera de la casa y empieza a romper el suelo. Al ver lo que está haciendo, le preguntáis:

—Pero ¿qué hace usted? ¡Pare, por favor!

—No se preocupe, confíe en mí para darle una solución definitiva al problema.

Entonces el fontanero empieza a picar hasta llegar a una tubería, la rompe, y de ella sale un hedor insoportable y nauseabundo.

—Oiga, ya no huele mal solo el cuarto de baño, ¡ahora apesta toda la casa!

—Sí, señor, pero aquí está el origen del problema, en esta obstrucción. Voy a sacar lo que tapona la tubería y el olor desaparecerá de forma definitiva.

En cuanto acaba el experto, ventilamos la casa unas horas y no queda ni rastro de ese olor nauseabundo.

El miedo es como el hedor: no tratéis de disimularlo, tened el valor de enfrentaros a él en su origen. Si lo hacéis, desaparecerá.

Si sabéis lo que en realidad sois, ¿dónde quedan los nervios por el reto que supone, por ejemplo, un partido de tenis? No hay lugar para ellos. Si sabéis quiénes sois verdaderamente, os daréis cuenta de que jugáis por el placer de desarrollar vuestro mejor tenis sin la presión del resultado. La inconsciencia de lo que somos es la que nos hace vivir sufriendo, atrapados en el ego.

Llamamos **«vivir en el ego»** a hacerlo con una conciencia limitada respecto a lo que somos, es decir, **el ego es una limitación de la conciencia**. A veces pensamos que es el causante de todos los males, pero no es así. Cuando bajamos una escalera con cuidado para no caernos, nos beneficia. Solo es perjudicial cuando nos limita respecto de lo que somos, cuando actúa haciéndonos pensar que solo somos nuestro cuerpo, lo que hacemos y lo que tenemos, cuando nos juzga en función de nuestros logros, cuando nos hace creer que somos mejores o peores que los demás. Si nos centramos en la persona, no en el personaje, ni el ego ni el miedo tendrán dónde agarrarse, serán como piojos intentando anidar en una calva.

Cuando estéis en conexión con vosotros mismos —amándoos, respetándoos y aceptándoos—, cuando viváis sabiendo que no sois la victoria ni la derrota que alcancéis, sino seres humanos divinos y maravillosos, como el resto, el ego no podrá limitaros.

En momentos críticos, podéis utilizar técnicas de respiración y control del pensamiento muy efectivas. Sean todas bienvenidas, pero, si no vais al fondo del problema, solo estaréis poniendo un parche. Y los parches tienen un riesgo, porque, si las técnicas de respiración o el pensamiento os llevan a una victoria, pero no habéis solucionado el problema de fondo, acabaréis sintiendo aún más presión ante las posibles derrotas futuras. Podréis perder más y vuestro miedo aumentará.

Como tenista, he pasado mucho tiempo de mi vida

atrapado en el ego y el miedo. He tenido grandes amigos cuya amistad terminó cuando entró en juego quién ganaba más copas, es decir, cuando se convertían en competidores. Oscilaba entre el orgullo y los celos, pasando por todos los sentimientos negativos imaginables con tal de quedar por encima de ellos. Si me hubierais conocido a los dieciséis años... He robado bolas y me he alegrado de las lesiones del contrario durante un partido, aunque lo disimulara. A cuánta gente no habré visto fallar y darse con la raqueta... ¡incluso en la cabeza!

Puedo entender que a las personas arraigadas en este camino les suene a chino lo que estoy contando, incluso que me manden a tomar viento. Si durante la adolescencia me hubiera encontrado con un entrenador que me dijera lo que os estoy diciendo a vosotros, sin duda, es lo que yo habría hecho. Me siento muy afortunado por haber conocido y vivido los dos caminos: el convencional hasta los dieciocho o diecinueve años y después, gracias a la vida, el del amor. Yo utilicé este último para el tenis, pero vosotros podéis usarlo en cualquier deporte, actividad o situación de la vida. Sea cual sea, si lo hacéis desde el amor, disfrutaréis.

A lo largo de todos estos años he visto que cada vez más chicos y chicas eligen este camino y, poco a poco, hay más padres que se lo ofrecen a sus hijos. Ojalá todos puedan disfrutarlo tanto como yo, si no más.

Sin embargo, también puede suceder que necesitemos a alguien o algo para ser felices, pero no porque el ego nos domine, sino por el efecto contrario, por inseguridad, por falta de ese amor a nosotros mismos. En ese caso, hablamos de dependencia, con las terribles consecuencias que comporta.

Dependencia

Cuando alguien depende de algo para ser feliz, se crea una adicción: al alcohol, a determinadas sustancias, al juego, a las drogas, al trabajo... Las personas caemos en adicciones por muchos motivos, pero todo viene por la dependencia que nos genera no considerarnos suficientes ante nosotros mismos. Pensemos en J, una persona que conocí que llevaba toda la vida intentando demostrar que tenía mucha valía en todo lo que emprendía.

Primero lo intentó con el tenis, pero no pudo alcanzar el suficiente éxito como para que los demás lo respetaran en ese deporte. Al darse cuenta de que no llegaría lejos, se puso a trabajar, pero el mensaje que se repetía constantemente en su cabeza era el mismo que no dejaba de decirse en el tenis: «Tengo que ser alguien en la vida para que me respeten, debo conseguir un trabajo respetable». Y luchó por ello.

¿Y sabéis qué? Que consiguió un trabajo en el que lo respetaban. Por fin era alguien en la sociedad, pero eso le hizo ser esclavo de lo que decían los demás de él y trabajar muchísimas horas al día, sin descanso. Su puesto conllevaba mucho estrés, porque dirigía a muchas personas y recibía muchos correos electrónicos y muchas peticiones, tenía muchas exigencias. Cuando le dieron el puesto, se reafirmaba diciendo: «¡Guau, lo he conseguido, soy alguien!». Sin embargo, al año y medio, comenzó a notar los efectos de la ansiedad. No podía parar su cabeza.

¿Y qué hizo? Se enganchó. Se volvió adicto a... a lo que sea, eso no importa. Al principio, cuando lo consumía, lo liberaba de pensar en todo el estrés que tenía.

Pero la adición nos come, así que lo único que consiguió fue volverse un esclavo de ella, ya que seguía necesitando demostrar a los demás en todo momento, a través de su trabajo y posición social, que era alguien respetable. Solo iba a poder salir de ahí si se amaba, si se respetaba, si se aceptaba. Y eso conlleva un trabajo interior muy serio.

Caramba con la adicción... Y no solo hay adicción a las drogas, al juego, al sexo, al trabajo... Para mí, la principal adicción, la que más dependencia genera, es la de ser alguien. «Necesito que me respeten», decía el hombre del ejemplo. Esa es la mayor droga. Y parece que esta sociedad normaliza esa situación y la promueve. Aunque no nos guste verlo, nos empuja hacia ello, favorece que nos olvidemos de nosotros mismos y nos focalicemos en lo externo. De ese modo, acabamos creyendo que solo fuera podemos conseguir lo que anhela nuestro ser.

El otro día, mientras estaba corriendo, me topé con una valla publicitaria en la que se veía a una mujer de apariencia sana sonriendo a todos los que pasábamos por la calle. Llevaba una bolsa de la compra de rejilla en la mano, como si viniera del súper, y en ella se distinguía fruta y una botella de alcohol. El eslogan era, ciertamente, una oda a la vida, aunque en letra pequeña, en la parte inferior, se leía. Para mí fue todo un *shock*. Para ser saludables y sonreír como ella, ¿tenemos que tomar frutas, pero también alcohol? ¿Cómo pueden anunciar el alcohol como algo saludable? A los datos me remito: tres millones de personas —sí, 3.000.000— mueren al año en el mundo por culpa del alcohol. En 2022, ¿cuánta gente murió a causa de las guerras? Doscientas cuarenta mil. ¿Os imagináis ir por la calle, sentaros a esperar el autobús y toparos con un cartel que incite a la guerra «con moderación»? Yo no, y creo que vosotros tampoco. Pensaríamos que es una barbaridad.

El alcohol tiene un poder de adicción mucho mayor que el de otras drogas. Ojo, vaya por delante todo mi respeto a aquellas personas que beben de forma moderada. También yo me tomo una cervecita de vez en cuando. No está mal beber con mesura, pero hay mucha gente que no tiene esa capacidad. En mi opinión, no beber alcohol es mejor que hacerlo, pues esta sustancia produce estragos en el organismo. Pero ya no es tanto la copa en sí, sino el motivo por el que nos la tomamos. ¿Queremos evadirnos? ¿Somos conscientes de que el alcohol produce dependencia? Incluso en algunos partidos he visto publicidad de bebidas alcohólicas de hasta 20°... ¿Quién lo permite? Papá Estado, por supuesto. La sociedad asume que beber es natural: nos ayuda a relajarnos, nos sirve para celebrar; incluso se suele hablar de «ahogar las penas en alcohol». ¡Qué barbaridad! ¿Qué podemos hacer contra este mal que nos rodea? ¿Y si nos informasen de los pros y los contras de las bebidas alcohólicas, y si nos hablasen de la dependencia que genera? Tal como se publicita en la actualidad, lo considero una incitación al consumo en toda regla. No podemos dejar que sea otro el que nos cuide, la decisión ha de salir de nuestro interior.

Nos han educado para depender de todo: del político, del alcalde o del presidente; del jefe o de los clientes; o de la suerte para que la vida nos vaya bien o para que nos toque la lotería y, por fin, podamos tapar esos agujerillos de la cuenta por gastar más de lo que tenemos. Dependo de que X me haga sentir mejor o peor para que mi vida esté bien o mal a nivel emocional. Dependo de esta o de aquella circunstancia para sentirme mejor y ascender en la vida. ¿Os fijáis? Siempre dependemos de algo externo, y ahí es cuando estamos perdidos. Sin embargo, si me responsabilizo de mis actos, si dependo solo de mí, hallaré la solución mágica, divina, pues dependeré de mi trabajo, de mi responsabilidad, de mi labor diaria, de esa agua que yo habré ido a buscar, recuperando el ejemplo del capítulo 2. Es decir, sabré que la respuesta está en mí.

Es como el que se olvida de que tiene las llaves en el bolsillo y exclama: «¡He perdido las llaves!». Las busca por toda la casa, por el coche, por toda la ciudad, por el mundo entero. No las encontrará; no están ahí, siguen en su bolsillo. La sociedad nos empuja a buscar fuera esa felicidad, esa armonía, esa calma y bienestar. Pero ¿a base de qué? De conseguir cosas, de tener objetos que nos den tranquilidad. ¿De qué tranquilidad estamos hablando si, cuando consigo esas cosas, temo perderlas? Si no las tengo, no soy nadie, pero, en cuanto las consigo, me considero la leche y la gente me supone el mejor; sin embargo, nace en mí el miedo a perder eso que hace que los demás me respeten.

Es decir, primero aparece el miedo a no ser porque no tengo algo y, cuando lo consigo y desaparece el miedo, nace en mí el temor a perder lo que he logrado y volver a no ser nadie. Entonces ¿dónde están la calma y la armonía? ¿Me lo podéis explicar? No están fuera, sino en nuestro interior, en ese interior que se llama luz, espíritu, ser, amor, lo que de verdad somos todos.

El error está en creer que necesitamos ganar para sentirnos alguien, y el veneno nos lo ofrece esta sociedad que, consciente o inconscientemente, nos incita a ello. Debemos resetearnos, como los ordenadores. ¿Quién soy? ¿Qué necesito? ¿Tengo que depender de algo para ser feliz? Porque, cuando nos damos cuenta de que somos dependientes, en definitiva, unos adictos, aparece la culpa, una emoción que nos machaca tanto o más que el miedo y el ego.

Culpa y responsabilidad emocional

Como iremos viendo a lo largo del libro, hay muchas emociones destructivas, pero quizá la culpa sea una de las mayores... ¿Os habéis planteado la de veces que os sentís culpables por algo? La culpa solo existe si vivimos en la **ilusión del ego**, es decir, creyendo que somos nuestro cuerpo, nuestro nombre, aquello a lo que nos dedicamos, la manera en la que lo hacemos y lo que los demás opinan de nosotros. Considera los siguientes ejemplos:

- Me siento culpable cuando mi cuerpo no sigue los cánones aceptados o admirados.
- Mi trabajo y cómo lo hago no es lo suficientemente bueno según el estándar que me rodea, así que seguro que la culpa es mía.
- Lo que los demás opinan de mí a través de sus juicios y críticas me hace sentir inferior, y también me creo culpable.
- ...

Todas estas creencias solo pueden sostenerse si vivo desde la inconsciencia de creer que soy solo un montón de tejidos, músculos, huesos, una parte física. Pero ya hemos visto que esas creencias son mi personaje, lo que espero que los demás piensen de mí. ¡Qué cruel es la culpa, qué mezquina e injusta, qué insensible, incluso asesina!... Hay muchas personas que, por no poder cargar con la culpa, se refugian en el alcohol, el juego, el sexo... Por un instante, esas experiencias tan fuertes hacen que se evadan de vivir en la culpa, pero hay ocasiones en las que la persona decide quitarse la vida porque cree que es la única manera de acabar con ese dolor insoportable.

La culpa desaparece cuando tomamos conciencia de quiénes somos. Recordad que somos seres humanos divinos y maravillosos, y ese ser es lo que le da vida al cuerpo físico, perfecto en todos los sentidos, así que no tiene que demostrar nada a nadie.

Desde muy tierna edad, nos olvidamos de lo que realmente somos y comenzamos a creer que solo somos nuestro nombre y apellidos, aquello a lo que nos dedicamos y cómo lo hacemos. En cuanto los demás conocen esa ínfima parte de nosotros, emiten un juicio sobre nuestra persona que nos hemos acostumbrado a esperar, pues son ellos los que deciden lo que somos. Entonces, por supuesto, si no cumplimos sus expectativas, la culpa puede entrar, agarrarnos y demolernos.

Por favor, recordemos quiénes somos: ¡seres maravillosos llenos de luz y amor! Si nos libramos de la ilusión del ego, empezaremos a asumir la **responsabilidad** de nuestros actos. Si nos equivocamos, no sentiremos culpa, sino que tomaremos conciencia de ese error y, gracias a él, aprenderemos. Para no vivir instalados en la culpa, comencemos por quitarnos ese traje llamado ego para vivir desde la esencia que somos, el AMOR. Seamos responsables de nuestros actos, tomemos conciencia de los errores y aprendamos de ellos para no repetirlos. Pero sin culpa, por favor.

Si nos sentimos culpables, podemos acabar creyendo que no valemos, que no llegamos a cumplir las expectativas ajenas y, en esos casos, una de las herramientas que usamos para sentirnos mejor es la apropiación indebida, en definitiva, el robo de sentimientos y emociones ajenos.

Usurpación

¡No cojamos lo que no es nuestro! Ya sea bueno o malo, no es nuestro. A nivel material, llamamos «robar» a coger lo que no nos pertenece. ¿Y a nivel emocional? Creo que, en nuestra sociedad, somos muy ladrones... Imaginaos que nos encontramos a una persona que está viviendo un buen momento. Hablamos con ella y nos hacemos partícipes de su alegría, de su bienestar, de lo que ha hecho para estar así. ¡Está tan contenta! Eso me pone contento a mí. En ese caso, estamos usando su bienestar para sentirnos bien. Ahora pensad en otra que está viviendo unos momentos muy complicados o desagradables. Es normal que nos impliquemos en su difícil situación, en el momento emocional por el que está pasando.

Por eso me sale compartir con vosotros que no cojáis lo que no es vuestro, ya sea bueno o malo, porque no os pertenece. Cada persona, cada ser humano, tiene una serie de circunstancias en la vida que, en muchos casos, consciente o inconscientemente, ha creado ella misma. Ojo, sé que algunos me diréis que la situación os ha venido impuesta... No me refiero a esas situaciones, solo a las que creamos nosotros; aunque debo confesar que me considero responsable y creador de la mayoría de las circunstancias de mi vida. Lo sea o no, lo que está claro es que soy yo el que debe trabajar y crecer con ellas.

¿Cuántas veces me implico en una situación ajena, que no es mía, que no me pertenece, ya sea buena o mala? Debemos ocuparnos de nuestras circunstancias, no de las de los demás, que bastante tenemos con lo nuestro. De alguna manera, la sociedad es en parte responsable, puesto que nos empuja a que, si vemos que alguien está mal, debemos involucrarnos y sentir lo mismo que esa persona. Si estando mal pudiera ayudar al que está mal, tendría sentido ponerme triste o enfadarme, pero si me involucro, no lo ayudo, sino que pasamos de una persona que está mal a dos. ¿Qué sentido tiene?

Si estoy bien, ¿puedo aportar algo al que está mal? Con el mero hecho de estar a su lado y compartir con esa persona mi visión positiva, sé que la ayudaré. Cuando en la primera frase de este apartado he dicho: «No cojamos lo que no es nuestro» me refería a que no nos impliquemos en su malestar. Porque no es nuestro, es de él o ella. Es el momento que está viviendo. Ahora bien, si creéis que podéis ayudar a esa persona, si os sentís preparados y contáis con las capacidades necesarias para ello, porque os amáis, porque estáis llenos de esa luz que alumbra la oscuridad, por supuesto, hacedlo. Si no os sentís así, bastante tenéis con lo vuestro. Si lo que está sintiendo el otro es una sensación agradable, tampoco debemos apropiarnos de sus emociones para sentirnos bien. Tenemos la responsabilidad de crear nuestro propio bienestar y de trabajarlo para mantenerlo y hacer que crezca a nivel interior y exterior. Si el sentimiento no es nuestro, sino del otro, podemos alegrarnos por él, pero no debemos vivir como parásitos, intentando estar bien a costa de que el otro lo esté.

De todas formas, os invito a preguntaros: cuando sentís la necesidad de implicaros en los sentimientos de otra persona, ¿por qué lo hacéis? ¿Por qué queréis que esté bien? Todos pasamos por momentos buenos, malos y regulares, ¿no? ¿En qué nos influye que el otro esté bien o mal? ¿Queréis que esté bien porque se encontrará mejor o hay una parte de ese sentimiento que os afecta a vosotros? En nuestra vida, si lo que nos rodea está bien, nos aporta equilibrio, armonía, tranquilidad... Por lo tanto, que el otro esté bien o mal influye en nuestro día a día. Si las emociones y los sentimientos ajenos nos afectan, nos conviene que los demás estén bien para estarlo también nosotros. Y de ahí que usurpemos sus sentimientos y nos impliquemos en la solución del problema de los demás.

Cuando las cosas son como acabo de explicar, lo que hay es cierto interés, cierto egoísmo. Pero ¿puedo aportar algo al otro si me implico desde ahí, desde el malestar que me provocan sus sentimientos y emociones? Rotundamente no. Cuando no me involucro, cuando continúo en mi bienestar sin depender de su malestar (por mucho que suene a trabalenguas), lo sigo respetando, aceptando y amando en su estado, pero no me implico en su dolor porque no le aporta nada que yo esté mal, solo añade tensión y agobio a su malestar.

Si no nos implicamos, si nos limitamos a entrar en una frecuencia, energía o armonía con esa persona mientras estamos a su lado, conseguiremos que no reciba malestar por nuestra parte, lo que permitirá que, llegado el momento, quizá quiera compartir algo y vaciarse, expresarse, vomitar su dolor. En caso de que eso suceda, no tenemos que cogerlo, no es para nosotros. Os voy a poner un ejemplo: de niño, me enfriaba bastante del estómago y los fines de semana solía vomitar. Mi madre me acompañaba al baño, pero no recogía mi vómito y se lo quedaba, sino que se limitaba a ponerme la mano en la frente. No lo hacía para comprobar si yo tenía o no fiebre, sino que pretendía aliviarme, y eso era lo que yo sentía: alivio. El vómito se iba por el retrete y punto. Eso es lo que sucede a nivel emocional. No cogemos el vómito ajeno, sino que acompañamos a la otra persona siendo conscientes de que estamos bien, de que podemos ayudarla así. Entonces ¿por qué nos implicamos? Pues porque, como he dicho antes, el ego es de lo más tonto que hay: parece listo, pero solo piensa en sí mismo. En el fondo, nos lleva a implicarnos para estar nosotros bien, por propio interés.

Si conseguimos estar bien por nosotros mismos, tendremos relaciones sanas, puras, libres, pero si dependemos de lo que sientan los demás para alcanzar el bienestar, crearemos con esas personas relaciones dependientes, necesitadas, insanas, y seremos incapaces de aportarles nada bueno. Debemos respetar el proceso de cada uno, el momento difícil por el que está pasando. ¿Por qué nos cabreamos viendo un partido de fútbol? Porque nos implicamos con los resultados de nuestro equipo. ¿Y por qué? Porque en el fondo dependemos de que gane o pierda para sentirnos bien o mal. ¿Amamos a nuestro equipo? No. En realidad lo que pasa es que nos amamos a nosotros mismos y usamos a nuestro equipo para que nos haga sentir bien.

Es como si vivieran dos personas dentro de nosotros: una que actúa y otra más espiritual. ¿Qué relación mantenemos con ese otro yo? ¿De juicio, de crítica, de interés o de amor? Lo más importante es el respeto, el cariño, el acompañamiento y la aceptación. Estoy conectado a ese Pepe que actúa, pero si solo estoy bien cuando lo hace bien y estoy mal cuando las cosas le salen mal, ¿en qué me convierto? En un esclavo de ese otro Pepe, pues lo que más me interesa en esta vida es que todo le vaya bien. ¿Y qué sucede entonces? Que le exijo: «Haz esto bien». Y ahí ya no hay amor, hay interés. En cambio, si acompaño al Pepe que actúa desde mi bienestar puro, propio, autónomo, dará igual que juegue mal un partido o que se equivoque en la vida, porque no me implicaré. Mi Pepe espiritual se amará y, en consecuencia, amará al Pepe que actúa sin importar cómo esté. Si, de forma autónoma, somos conscientes de quiénes somos como seres humanos y nos centramos en nosotros, vivimos desde nosotros, nos cuidamos, nos acompañamos y nos respetamos, las relaciones con los demás las vemos de otro modo, pues sabremos que si el otro siente malestar es porque tiene que vivirlo. En ese caso, dejaremos de implicarnos en el bienestar ajeno, permitiremos que el otro viva su proceso, lo acompañaremos con respeto, pero sin implicarnos, y mucho menos cogiendo su dolor, su vómito. De esa manera, observamos el dolor de esa persona, no lo juzgaremos. «¿Qué diferencia hay?», podéis preguntarme. El juicio va cargado de emoción, la observación no. Acompañar sin usurpar los sentimientos ajenos, sin implicarse a nivel personal, nos permite vibrar de forma auténtica, ser más sinceros con nosotros y con los demás.

¿Y cómo podemos conseguirlo? Trabajándonos, siendo responsables de nosotros mismos. Responsabilicémonos de nuestra vida en lugar de necesitar la vida de los otros, implicarnos en ella o distraernos con ella, porque eso no aporta nada a nuestra vida y nuestro crecimiento; es más, le resta. Tampoco al otro le aporta nada.

No es fuera donde tenemos que encontrar nuestro bienestar, sino en nuestro interior, generando el bien. En mi opinión, coger lo que no es nuestro no ayuda a crecer al ser humano ni, consecuentemente, a la sociedad.

Claro, es más fácil que venga alguien de fuera y lo haga por mí. Por eso quiero robar y me acostumbro a ello. Es como el que tiene una dolencia o una enfermedad crónica por culpa de sus malos hábitos y va al médico a pedirle que le dé una pastillita para que no le duela. Sí, el dolor desaparecerá, pero el mal seguirá ahí. ¿No habría sido mejor que, desde el principio, se hubiese responsabilizado de su vida y hubiera cambiado esos hábitos dañinos? Así no dependería de una pastilla, no pensaría que no puede vivir sin ella ni se le generaría una adicción... Eso es lo que nos cuesta: trabajar nuestro interior para no buscar fuera lo que tenemos dentro, para no apropiarnos de los sentimientos y las sensaciones ajenas.

A veces, esta apropiación viene provocada porque no nos gusta lo que vemos en nosotros y es más fácil sentirnos «útiles» (sí, lo entrecomillo porque esta actitud no le es útil a ninguna de las personas implicadas) y «vivos» albergando emociones en nuestro interior, aunque sean ajenas; también puede ser porque nos aburre la monotonía de nuestra vida.

No cojas lo que no es tuyo, sea bueno o sea malo

Aburrimiento

La vida era muy diferente hace cincuenta años. En cada época encontramos cosas muy positivas y otras bastante negativas. Lo suyo sería quedarse con las buenas y no entrar en las malas, pero me gustaría compartir con vosotros una observación sobre algo que encuentro bastante negativo en la actualidad. Por lo que parece, ahora es necesario tener el día lleno de actividades, una jornada completísima desde que nos levantamos hasta que nos acostamos, haciendo siempre algo que nos divierta.

Si no es así, nos aburrimos. Jolín, ¿qué estamos haciendo? Si os fijáis, de alguna manera la sociedad nos empuja a estar activos durante todo el día, a buscar algo que nos estimule, que nos motive, que nos guste, que nos haga pasarlo bien. ¿Qué ocurre, por qué tenemos esa necesidad? Nuestros abuelos no requerían actividad constante, y no hace tanto de eso, solo ha pasado medio siglo...

Como aprendí en la EGB, con la lengua podemos distinguir cuatro sabores: dulce, salado, amargo y ácido. Ahora han añadido el quinto, el umami, pero como no estaba cuando yo estudiaba, nos quedaremos con los cuatro que he dicho al principio. Todos ellos son necesarios. Si quitamos uno, se desequilibra este sentido tan importante, y si nos limitamos a dos tendremos un gran problema, porque nos perderemos muchos sabores. ¿Y si solo identificamos uno? En ese caso, todo nos sabrá igual o a nada o al único sabor que tengamos. O sea, quedaría limitada nuestra capacidad de distinguir los sabores. ¡Menudo problemón!

El ser humano tiene muchas más de cuatro situaciones que puede vivir: alegría, felicidad, tristeza, rabia, enfado, aburrimiento, quietud, calma..., pero hay una que parece estar prohibida: el aburrimiento. ¿Qué es el aburrimiento? Según el diccionario de la RAE, se refiere al «Cansancio de ánimo provocado por la falta de estímulos o distracciones». ¡No tenemos derecho a aburrirnos! Es como si aburrirse fuera un pecado, ¿no? Cuando incluimos tantas actividades a lo largo del día y de repente tenemos una hora libre, no sabemos qué hacer con esos sesenta minutos. Por mucho que estemos rodeados de posibilidades, a veces necesitamos el estímulo adictivo que nos provocan las nuevas experiencias, porque ya tenemos muy vistas las de siempre.

No sabemos estar en casa sin hacer nada, no somos capaces de vivir así. ¡Pero es que no hacer nada nos da la oportunidad de hacer mucho! «¿En qué sentido, Pepe?», me preguntaréis. Pues si prolongamos el momento de aburrimiento sin buscar distraernos con algo que nos entretenga, conectaremos con nosotros mismos. ¡Y eso nos puede brindar la posibilidad de conocernos un poco más! No será lo mismo que os pregunten: «¿Quién eres?» mientras os estáis divirtiendo que después de un rato de aburrimiento. ¡No me creáis, haced la prueba! Yo la he hecho con los chicos y chicas que entreno y las respuestas cambian de forma radical.

El aburrimiento implica que no estoy distraído con algo externo, primer paso para conectar conmigo mismo. El segundo es pasar de la protesta, del «Jooo, me aburro, jooo, qué aburrido...» a pararse y pensar: «Me voy a observar un poquito. ¿Por qué me aburro? ¿Por qué estoy siempre juzgando a los demás y metiéndome con ellos? ¿Por qué me gusta tanto chinchar? ¿Por qué soy tan callado? ¿Por qué hago esto? ¿Por qué no lo hago así?...».

Como hemos visto en el capítulo 2, lo importante es

conocernos. Si nos pasamos la vida distraídos, divirtiéndonos, si no nos permitimos parar y aburrirnos, ¿dónde queda el conocernos? Nos convertiremos en un trozo de carne sonámbulo que lo único que hará será divertirse, o aburrirse hasta que encuentre otro divertimento. Y no podremos parar, entraremos en un círculo vicioso.

¿Por qué nos cuesta tanto estar un ratito con nosotros mismos? ¿Qué pasa, no podemos? Dependemos de la actividad, de la diversión, como si fuera una droga a la que estamos enganchados. ¿Para qué? Para no aburrirnos. ¿Os dais cuenta de que, cuando os surge un momento sin nada que hacer, un gesto muy habitual es coger el móvil y alienaros? ¿Para qué? Para no aburriros. Esa adicción nos impide observarnos, conocernos, y es una pena pasar por esta vida sin saber quiénes somos. Podemos llegar a la muerte pensando que nos conocemos, cuando en realidad nos hemos quedado en la fachada, en lo que los demás nos han hecho creer de nosotros mismos. ¿Nos parecerá entonces suficiente?

Mirémonos un poco más, pero no como lo hacemos en el espejo cuando nos lavamos los dientes o nos peinamos. Observemos cómo es nuestro interior, disfrutemos de estar con nosotros mismos. Considero que este es uno de los grandes problemas de la sociedad actual: no nos gusta estar solos, ni siquiera lo aguantamos. Siempre andamos distraídos, mirando fuera, no dentro. Las trampas a las que nos enfrentamos en la actualidad son mucho más agresivas que las de hace cincuenta años. Las de mi época no eran tan nocivas para la vida. Lo que debemos tener claro es que somos nosotros los que caemos en ellas; nos empuja la sociedad, sí, pero nos metemos solitos en esas adicciones.

La mayor trampa de la adicción es que nos hace pensar que tenemos que hacer algo siempre, en todo momento. Si no, nos aburrimos. Nos olvidamos de que el aburrimiento forma parte de la vida, es decir, es un sabor amargo, pero rico. ¿Os funciona el amargo en la lengua? Personalmente, me gusta mucho combinado con el dulce. Hay muchas cosas que saben muy bien gracias al aburrimiento, y, combinándolas con la alegría de hacer algo, saben aún mejor. Os aseguro que, si os gusta más el dulce que el amargo y os pasáis todo el día comiendo dulce, acabaréis hasta las narices. Sin darnos cuenta, nos atiborramos.

Si me encuentro sin nada que hacer, me meto en el móvil para tener más cosas, para ver más cosas, para espiar la vida de los demás, para ver qué hacen. ¡Caramba! Y todo eso, ¿para qué? Para no aburrirnos, para no conocernos. Es una pena que los demás nos conozcan más que nosotros mismos. Yo no quiero que eso ocurra, pero entonces necesitaré tiempo para observarme. «Es que eso es muy aburrido», podréis decirme. Y, sí, el aburrimiento puede volver a las personas caprichosas, adictas; el ego se acrecienta, y empezamos a ensimismarnos, a pensar solo en nosotros, porque necesitamos esa droga.

En ese instante aparece el egoísmo: «Yo quiero esto». Parémonos un poquito, démonos la posibilidad de aburrirnos para darnos cuenta de por qué y para qué queremos lo que estamos pidiendo. Observémonos. No quiero que se entienda como un juicio a nadie, también yo me meto en el saco. Hagamos un trabajo conjunto, como humanidad. Ofrezcámonos la posibilidad de estar con nosotros mismos, aburridos o no, pero paremos un momento para conocernos, porque es más importante el autoconocimiento que el hecho de que nos conozcan los demás. Sí, el aburrimiento despierta la introspección y la creatividad, así que no temamos aburrirnos.

Dejemos de incitarnos constantemente a hacer cosas, a deslizar pantallas en el móvil para buscar ese divertimento que, en realidad, es distracción. Un ejemplo del tenis: imaginad que estáis haciendo un ejercicio de pegar a la pelota. Además, ¡le dais muy bien! Ahora pensad que os pasáis todo el día dándole para ganar el punto, porque es lo que más os gusta. ¿Qué ocurrirá? Pues que estaréis arriesgándoos mucho en cada golpe. Si no lo ganáis, la frustración será enorme y empezaréis a protestar por no saber jugar (ojo, «no saber jugar» según vuestras normas, según ese divertimento constante que os produce el ganar, esa actitud que os lleva a olvidar que en el tenis, como en la vida, ha de haber momentos para todo, y de todos ellos podemos aprender).

Si no cambiamos estos hábitos, el aburrimiento y el no querer estar con nosotros mismos nos llevará a hastiarnos de la vida. ¿Qué es lo que más nos puede ayudar? **AMARNOS, RESPETARNOS, ACEPTARNOS Y ACOMPAÑARNOS CON CARIÑO.** En caso contrario, seremos esclavos de que los demás nos respeten, nos acepten, nos hagan sitio. ¿Y qué conseguiremos? Alejarnos de nosotros mismos y, por ende, de los demás.

Observémonos, por favor. Mirémonos a nosotros mismos, pero también a los otros, a esa sociedad que nos enseña a alienarnos y a que solo levantemos la mirada para juzgar a los demás. ¡Dejemos de distraernos! La luz que hay en nosotros no la encontraremos fuera, como ya hemos visto. Está en nuestro interior, y el aburrimiento es una potente herramienta para encontrarla.

Pero tampoco nos pasemos de frenada, pues si también queremos controlar los momentos de aburrimiento, caeremos en el perfeccionismo, que también es perjudicial.

Saber estar aburrido y aprender a observarnos

Control y perfeccionismo

¿Quién creemos que está más en calma y armonía, la persona que busca el control y el perfeccionismo o la que no tiene esta necesidad y vive libre de ello?

Las personas que buscan el control y la perfección desean lo mismo que los demás, **bienestar y felicidad**, y creen que lo conseguirán así. Pero resulta que, en la mayoría de los casos, provocan el efecto contrario: viven siendo esclavas de esa necesidad, con angustia, ansiedad y miedo de no llegar al nivel que se exigen. Por ese camino no encontrarán el bienestar y la felicidad.

Por ejemplo, en un partido de tenis hay un montón de variables que no podéis controlar, aunque lo intentéis, multitud de cosas que, en cualquier momento, pueden escapar a vuestra voluntad, desde la manera de comportarse del otro jugador hasta los gestos del equipo, pasando por la conducta del público. Como tenista, puedo intentar que todo salga perfecto: que mi saque, mi derecha, mi revés, la conjugación de golpes y el resultado sean pulcros, y, además, que el árbitro no se equivoque ni una vez en mi contra. Desearé controlarlo todo, pero, como es imposible, estaré en continua tensión. **Si no hay aceptación, está garantizado el sufrimiento**, que no me acercará al estado de felicidad que realmente busco.

Resulta curioso que lo que menos altera nuestra calma sea justo lo que no podemos controlar. Por ejemplo, como no podemos controlar el tiempo atmosférico, aceptamos que llueva, truene, haga frío o calor; abandonamos, en este caso, la lucha por el control y la perfección. En cambio, es cuando nos movemos en situaciones que creemos que podemos dominar cuando aparece la angustia. Qué paradoja que estemos más tranquilos cuando nos rodean circunstancias que sabemos que no podemos controlar...

La aceptación es el camino de la calma. Pero ¡ojo!, eso no implica dejar de vivir con intención y deseo. Voy a desear y a poner la intención y la acción para que se cumpla lo que quiero, pero seré flexible, aceptaré que no todo está en mi mano, y, por lo tanto, una vez hecho mi esfuerzo, lo entrego a la vida para que ella traiga el resultado. **La vida tiene la decisión final**, no nosotros. Por experiencia, el camino de la felicidad es aceptar, respetar y amar lo que la vida traiga, aunque no suceda lo que a mí me gustaría. Ahí está el secreto para dejar de ser esclavos del intento de control y ser dueños de nuestra vida.

Os recuerdo que mi única intención es compartir, y que, si decidís andar por el camino del control y la perfección, será porque consideráis que es el mejor para vosotros. Por lo que he visto, al final, los perfeccionistas suelen ser más sensibles, necesitan más cariño, aceptación y respeto. Es decir, tienen más carencias, y buscan el respeto de otros por sus buenos resultados, un extra de atención para sentirse válidos. Sin embargo, la medicina para ellos —y para todos— la encontraremos en **AMARNOS, RESPETARNOS Y ACEPTARNOS.** De esa manera, no necesitaremos hacerlo todo perfecto para sentirnos válidos.

Nos sentiremos felices porque nos consideraremos auténticos, aceptados —principalmente por nosotros mismos—, que no es lo mismo que la euforia que sentimos cuando lo hacemos todo a la perfección. Porque la euforia es una deformación de la felicidad.

Felicidad *versus* euforia

Podríamos decir que la felicidad es estar en equilibrio, una sensación que conlleva calma, armonía, bienestar y sosiego. Si pusiéramos todas las emociones en una línea numerada, la felicidad estaría en el punto medio: del uno al diez, en el cinco. Puedo salir de ese estado hacia abajo, hacia el cero, o bien hacia arriba, hacia el diez. Tanto hacia un lado como hacia el otro, me alejo de la armonía que es la felicidad.

En el punto medio, más que emociones, hay un sentimiento de vivir el presente con armonía. La persona siente, sabe que está existiendo. No hay un porqué externo para este estado. Solemos hablar de emociones positivas y negativas; lo cierto es que todas ellas nos alejan de ese centro, de ese cinco.

Llevan hacia el cero las emociones de baja vibración: tristeza, miedo, rabia, enfado, angustia, envidia, celos, frustración... Hacia arriba va entrando alegría poquito a poco, pero un exceso de entusiasmo genera euforia, una emoción que aleja de la armonía. ¿Qué es la euforia? Según el diccionario de la RAE, es un «Entusiasmo o alegría intensos con tendencia al optimismo». Parece bueno, ¿no? Sin embargo, en la segunda acepción, desde un punto de vista médico, se añade una coletilla: «... alegría intensa no adecuada a la realidad». Sí. Como en ese estado sentimos de una forma increíble, creemos que es positivo, así que buscamos esos momentos de euforia, todo lo que nos conduzca a ese estado.

Tanto las emociones que me llevan hacia abajo como las que me hacen subir bien alto intentan secuestrarme de ese lugar donde no necesito nada externo para ser feliz, porque la felicidad está en mi interior. Existo desde mi centro, desde mi armonía, desde mi calma, desde mi bienestar: eso es la felicidad.

La alegría sería un seis, el primer paso que me aleja de la armonía, de la felicidad, del momento de vivir y existir, del ahora. No podemos confundir «alegría» con «felicidad». Nos ponemos alegres porque nos ha pasado algo que nos hace sentirnos así... ¿Lo veis? La alegría viene provocada por algo externo: ya nos hemos alejado de nuestro interior. Y comenzamos a sentir la necesidad de tener eso que nos hace estar alegres. Sutil, ¿eh?

Si esa emoción se acrecienta hasta llegar al más alto

nivel, se convierte en euforia. Habréis visto el estado de euforia en que entran algunas personas cuando buscan algo y al final lo consiguen. Pensad en un partido de fútbol, por ejemplo. Vais al estadio con un deseo, con una necesidad incluso: que gane vuestro equipo. De eso depende vuestra felicidad. Si además el triunfo es notable —campeonato, liga, Copa de Europa, Copa del Rey, Mundial...—, os llevará al extremo de la euforia. Y eso no es sano, pues se identifica con la enajenación. Es un estado que nos aleja de la calma, la armonía, el bienestar. El ser humano busca la euforia tanto en un partido de fútbol como en situaciones más personales. Quiero conseguirlo, pero cuando lo consigo...

Imaginemos a una persona que va paseando por la calle de una gran ciudad. De pronto se tira al suelo y comienza a patalear. Todos nos preguntaríamos: ¿qué le pasa? Pues que está fuera de sí, enajenada. Si lo que hace es sentarse en el suelo, quedarse con la mirada perdida y romper a llorar, pensaríamos que le ha sucedido algo muy malo en su vida que la ha alejado de su centro, ¿no? Podríamos catalogar su comportamiento de extraño, doloroso incluso. Ahora volvamos al estadio: llegamos al minuto noventa y el equipo de un hincha gana en el último segundo. El hincha estalla de la emoción, besa a la persona que tiene al lado, le pega un bofetón por la alegría que siente y el otro se la devuelve. Ambos gritan subidos a las sillas de las gradas. Y eso lo vemos normal...

¿Es normal? ¿Por qué es normal? Porque nos han hecho creer que lo es. Ese estado de enajenación aleja a las personas de su centro. No están en armonía, no son felices; están eufóricos. «Pero, hombre, ¡eso es buenísimo!», podéis pensar. No digo que sea malo ni bueno, pero no es un estado de armonía. El que quiera que ascienda hasta la euforia, pero me gustaría que tuvieseis en cuenta lo que estoy explicando.

¿Quién soy yo para juzgaros? ¿Quién soy yo para juzgarme? No puedo juzgar a nadie porque sea de una manera u otra, más o menos afín a lo que yo siento o creo. Si el comportamiento de alguien me hace estar mal o incómodo, el único responsable soy yo, no esa otra persona.

Si me alejo del juicio, si me mantengo en mi centro, **ME AMO, ME RESPETO Y ME COMPRENDO**, entonces puedo afirmar sin miedo a equivocarme que soy libre, que estoy usando la facultad que me permite asumir la responsabilidad de mis actos, pues nadie me presiona ni me siento presionado para obrar de una manera u otra.

La euforia

Libertad

Ser libre es hacer y actuar (desde el amor) tal como uno siente y desea, y hablar y pensar (desde el amor) para transmitir sentimientos, sin miedo a lo que piense, haga u opine al respecto el resto del mundo. Podemos vivir de dos maneras:

1. De forma aparentemente libre a ojos de los demás, pero en una auténtica cárcel, si no nos sinceramos con nosotros mismos.
2. De forma realmente libre, pensando, hablando y actuando tal y como sentimos y deseamos, sin pensar en lo que opinen los demás.

En la primera opción, si hacemos lo que espera de nosotros la sociedad (padres, hijos, profesores, amigos, pareja, jefe...), al principio sentiremos un aparente bienestar que, poco a poco, se irá convirtiendo en vacío o hastío, hasta que llegue a provocarnos un malestar enorme que hará que nos sintamos atrapados en nuestra propia vida. Es decir, en apariencia seremos libres, pero en un momento dado nos daremos cuenta de que somos esclavos de la sociedad.

Sin embargo, en la segunda forma de vivir, nos sentiremos libres, llenos y felices, pues actuaremos según nuestros sentimientos y deseos, siempre sin faltar al respeto a nadie. En este caso, puede que la gente intente hacernos creer que nos equivocamos, incluso quizá nos castiguen con la ley del silencio, nos desprestigien, mientan sobre nosotros o nos juzguen para hacernos cambiar de actitud, para devolvernos a la prisión de ser y actuar como se debe según la sociedad, pero seremos libres de verdad.

Preguntaos: ¿sois libres? Pensad por un momento en alguna situación de ayer o de hoy mismo en la que hayáis actuado o dicho algo que no era lo que realmente sentíais o pensabais.

Es muy probable que me digáis que no sois libres. Tampoco yo lo soy. Aunque sea a distintos niveles, a todos nos queda un largo camino por recorrer para alcanzar la libertad. Imaginemos que nuestro jefe nos falta al respeto. ¿Somos libres para llevarle la contraria, para pedirle que no nos hable así? «Si lo hago, ¡me echará del trabajo!», podríais decirme. En ese caso, estáis decidiendo de forma consciente no ser libres, dado que el miedo (del que hemos hablado antes) a perder el trabajo es más fuerte que vuestra necesidad de libertad. La decisión está en vuestras manos, por supuesto; sois vosotros los que vivís vuestra vida y tomáis las decisiones, pero si por adoptar esa postura entráis en depresión por falta de autoestima, la responsabilidad (que no la culpa) será vuestra. Quién sabe, quizá si dejáis ese trabajo la vida os ponga delante otro que os aporte mucho más...

Otro ejemplo: «No puedo ser sincero con mi amigo Ricardo porque le haré daño, le molestará mi comentario y posiblemente deje de hablarme...», asegura Sonia. Entonces le preguntaría: «¿En eso consiste ser amigos?». Si se lo dice como señal de respeto y amor, quizá Ricardo la rechace, pero, en ese caso, el que tendrá dos problemas será él: no aceptar el comentario y no aceptar las opiniones ajenas.

Lo que nos sucede es que no estamos lo suficientemente evolucionados como para entablar el tipo de amistad que nos gustaría. No es malo ser conscientes de ello, sino que es un regalo que nos permite seguir evolucionando y acercarnos cada día más a ese grado de amistad pura que a todos nos gustaría alcanzar.

No perdamos el tiempo engordando nuestro egoísmo mediante la consecución de triunfos, posesiones, estatus, fama y todo aquello que no aporta nada a nuestra libertad, sino que, por el contrario, va en detrimento de ella. La persona que está en el camino de ser libre actúa cada vez más desde el sentimiento y la intuición, los cuales, cuando no hay miedo, van unidos. Y ahí es donde nuestro guía interior nos ayuda a tomar las decisiones que nos hacen avanzar en nuestra evolución como seres humanos y, por consiguiente, a vivir de forma más armoniosa.

Y para ello contamos con tres maneras de actuar y cultivar en todo momento: la humildad, la honestidad (para con nosotros y para con el resto) y la paciencia. Si lo hacemos, alcanzaremos la felicidad, porque no dejan de ser una muestra de respeto hacia nosotros mismos.

Humildad, honestidad y paciencia

En mi opinión, estas cualidades son difíciles de buscar de forma directa. La manera natural de que se manifiesten es a raíz de la conexión con nuestra esencia. Entonces, nuestra manera de vivir será humilde y honesta de forma espontánea. A veces se recorre el camino inverso: cuando las personas actúan con humildad, honestidad y paciencia, ¿lo hacen por sentimiento, por educación o por conveniencia? Muchas personalidades del mundo del tenis, el deporte, el arte, el cine... aparentan humildad cuando se expresan en público, pero, si los conoces, sabes que no son humildes. **El camino directo consiste en empezar por nosotros mismos, amándonos y amando a los demás, aceptándonos y aceptando a los demás, respetándonos y respetando a los demás.** Cuando lo hacemos, nos convertimos en seres humildes, honestos y pacientes sin necesidad de trabajar para serlo o aparentarlo. Por el contrario, cuando nos transformamos en esclavos del ego, este nos pide aparentar humildad, honestidad y paciencia para recibir los halagos de los demás. De un árbol fuerte salen diferentes ramas fuertes; del árbol de estar en la esencia de nuestro ser brota la rama de la honestidad, la humildad y la paciencia.

En mis principios en el tenis, de los doce a los diecisiete años, considero que era una persona explosiva, inestable e impaciente. Jugaba puntos muy buenos, pero no tenía paciencia ni estabilidad. Los entrenadores me hablaban de la paciencia y, por supuesto, yo entendía el concepto, pero no conseguía llevarla a mi vida y a mi juego. No podía esperar al momento de atacar la bola correcta; las atacaba todas. No había manera. Y venía otro entrenador, y otro, y otro, y todos me decían lo mismo: «¡Paciencia, Pepe!». No podía vivir la paciencia que ellos me pedían, y, sinceramente, creo que ellos, en sus vidas, tampoco.

Cuando comenzó a producirse mi cambio me decían: «Ahora tienes paciencia, Pepe, ¡eso es estar en el juego!». Pero esa paciencia no llegó porque de repente entendiera el concepto; se instaló en mí gracias **AL AMOR, EL RESPETO Y LA ACEPTACIÓN** de mí mismo. Entonces empecé a jugar en armonía, a utilizar mejor mi tenis, a ser un jugador mucho más sólido. Los que me conocían se preguntaban dónde estaba la cabra loca que había sido. La paciencia vino cuando desapareció la inquietud. Y lo hizo porque llegaron la armonía y la tranquilidad, el amor hacia mí mismo.

«¿Hay nervios buenos, Pepe?», podéis preguntarme. Permitidme contestar así: entro en la habitación de mi hijo y veo que un amigo le ha regalado un cuchillo muy muy afilado. Tiempo atrás me había preguntado si podía tener un cuchillo y yo le había contestado que a su edad (ocho años) no, porque todavía no sabía utilizarlo. Entro en su habitación y lo veo con el cuchillo. Me acerco y se lo quito para evitar que se haga daño. No es lo mismo que entrar en casa de un amigo, ver algo que te gusta y cogerlo. En ambos casos he quitado algo, pero son situaciones sustancialmente diferentes.

Hay nervios que paralizan y nervios que activan. Imaginemos un partido contra un compañero, un compatriota. En teoría, soy el favorito. Si no gano, la prensa me pondrá a caldo. Si dejo que entre el miedo, se me despertarán los nervios paralizantes. Si voy a lo mío, conecto conmigo mismo y acepto que no soy mejor ni peor, saldré a la pista pensando que haré mi mejor tenis, que me amaré, me respetaré y me aceptaré, que estaré en armonía y que no me quedaré paralizado. Incluso podría llegar sin nervios si tengo el trabajo muy avanzado y he asimilado por completo que la victoria o la derrota no afectan a mi ser. Pero si aún no he alcanzado ese nivel, puedo jugar con unos nervios estimulantes, de esos que no paralizan. Es como los retos que nos presenta la vida: los que superan un poco nuestras capacidades son estimulantes, pero los que las sobrepasan nos generan ansiedad y parálisis.

Y la ansiedad viene provocada por la falta de conexión con nosotros mismos. Si nos aceptamos, si vivimos en armonía, ¿qué situación externa puede provocarnos ansiedad y estrés? Ninguna. Sin embargo, cuando nos angustiamos, se puede instalar en nosotros la sensación de soledad.

Soledad

No voy a hablar por todo el mundo, lo haré desde mi perspectiva, desde lo que observo a diario en el tenis. Quizá haya alguien que no lo vea así y, si es el caso, me alegro mucho por él y le pido disculpas por generalizar. En la competición tenística hay muchísima soledad. Mucha. Podríamos decir que existen dos tipos de soledad, una consciente y otra inconsciente, pero ambas crean vacío y dolor. La consciente está clara: el jugador se encuentra solo cuando está muy lejos de casa y no tiene a nadie, porque los profesionales muchas veces van solos. A los chicos de catorce a dieciocho años, que aún no son profesionales, en ocasiones los acompañan sus padres, pero en la mayoría de los casos van con sus compañeros o con el entrenador. Con nadie más.

Todo ser humano intenta escapar de la soledad con entretenimiento, pasatiempos, vicios que le hacen evadirse... Con lo valioso que es cada segundo de la vida, es una pena que tengamos que recurrir a todo ello para no sentirnos solos... Nos cuesta estar solos y en silencio cuando nuestra relación con nosotros mismos no es armónica. En cambio, si estamos conectados con nosotros mismos, la soledad no existe. Vivir en armonía nos conecta con la gente a la que queremos y nos hace sentirlos cerca siempre.

Cuando era el entrenador de Marko Djokovic, en una ocasión fuimos a un torneo en Brasil. Al amanecer, salí a correr y luego me quedé en la playa mirando el mar. Él me vio desde la ventana del hotel y se dio cuenta de que llevaba unos treinta o cuarenta minutos allí, de pie. Como no me movía, vino a buscarme y, cuando se me acercó, se dio cuenta de que estaba con los ojos cerrados, así que esperó. En cuanto terminé, me peguntó: «Pepe, ¿qué hacías?». Le contesté que estaba con mi mujer y mi hijo. Los sentía, los abrazaba, compartía mi tiempo con ellos, no estaba solo. Entre nosotros podía haber distancia física, pero no emocional. **Todos contamos con un canal de conexión que, si mantenemos la armonía interior, permanece limpio.**

Y no deja de ser otro de los muchos motivos que tenemos en la vida para dar las gracias, para sentirnos agradecidos por todo lo que nos pasa, por la gente que nos rodea y por la bendición que es conocernos, amarnos y respetarnos a diario.

Gratitud

La gratitud es una de las emociones que nos generan más paz, armonía y dicha en la vida. En nuestra sociedad nos educan desde niños para que pidamos todo lo que creemos que necesitamos. Sin embargo, si se fomenta esta práctica, jamás nos sentiremos satisfechos, porque siempre querremos más. Pedir no solo provoca ansiedad y estrés por conseguir aquello que anhelamos, sino que, además, a veces, cuando lo logramos, aparece la angustia por si lo perdemos. Irónico, ¿no? ¡Menudo panorama!

La persona cuando pide es porque no tiene, o al menos eso es lo que ella cree. ¿Cómo pensáis que se siente? Seguro que no está feliz, llena, plena. Por su parte, el que agradece lo que le dan es porque tiene, de manera que se siente mejor, lleno.

Si nos observamos, veremos que, tengamos lo que tengamos, siempre pedimos, y, si no nos dan, nos sentimos vacíos, tristes y desdichados. Si fuéramos capaces de cambiar nuestra actitud de «insatisfechos», que nos lleva a exigir constantemente, por otra de agradecimiento, cambiaría de manera radical la forma en que vivimos. Nos sentiríamos dichosos, felices... Vamos a hacer otro ejercicio, que he llamado «Agradecimiento cotidiano».

Ejercicio. Agradecimiento cotidiano

Para hacer esta práctica no necesitáis papel y boli, simplemente pensad cada día, nada más acostaros, por qué cosas podéis dar las gracias. Es decir, en vez de llevaros a la cama los problemas cotidianos para consultarlos con la almohada, intentad pensar en algo que hayáis vivido que os lleve a sentiros agradecidos. Haced esta práctica durante un mes y veréis los resultados.

«Pero ¿qué tengo que agradecer yo, Pepe, si todo lo que recuerdo cuando me meto en la cama es malo?», podéis preguntarme. ¿Seguro?

- Esta mañana, al abrir los ojos, ¿veíais? Agradecedlo.
- ¿Sabéis que el aire que inspiramos cada cinco o diez segundos nos aporta el oxígeno necesario para dar vida a nuestro cuerpo? Dad las gracias.
- Al poner los pies en el suelo nada más despertaros, ¿habéis podido andar sin ayuda? ¿Habéis llegado solos al baño? Agradecedlo.
- ¿Sabéis que nuestros sentidos (oído, tacto, gusto, olfato, vista) nos permiten disfrutar y saborear una vida llena de condimentos? Dad las gracias.
- ¿Sabéis que la acción del sol y la lluvia nos permite disponer de los alimentos y del agua necesarios para vivir? Agradecedlos.
- ¿Habéis abierto el grifo y ha salido agua para beber y lavaros? Dad las gracias.

- ¿Sabéis que lo que hemos comido a mediodía nutre los músculos y permite que los órganos internos tengan lo que necesitan para funcionar? Agradecedlo.
- ¿Teníais algo para comer en el frigorífico? Dad las gracias.
- ¿Tenéis un techo sobre la cabeza que os protege del frío, la lluvia y el viento? Agradecedlo.
- ¿Sabéis que hay gente que no tiene a nadie al lado, es decir que está sola? Agradeced la compañía que os aportan los demás.

Seguro que alguna de estas cosas, por pequeña que sea, está presente en vuestra vida. Solo con eso, ya tenéis motivos para agradecer.

Si, además, sois conscientes de que sois mucho más que un trozo de carne y un montón de huesos ensamblados y encajados mágicamente, que sois un ser divino y maravilloso con la capacidad de evolucionar y de crecer gracias a las experiencias diarias, ¡es de agradecer!

Son muchas las cosas por las que podemos dar gracias y sentirnos satisfechos en la vida, y de esa manera nos costará menos alcanzar la felicidad. Hagamos esta práctica a diario, durmámonos con esa sensación en mente y seguro que nuestro descanso será de calidad. Nuestro entorno percibirá el cambio que se dará en nosotros: la alegría que irradiaremos se transmitirá en todo lo que hagamos.

Lo último que pretendo es enseñaros nada o que penséis que no hacéis bien las cosas. Ni es mi deseo ni nadie tiene el derecho de haceros creer eso. Lo único que quiero es compartir mis experiencias y vivencias por si pueden aportar algo a vuestra vida para que viváis con más armonía, paz y sosiego. No creáis a pies juntillas lo que os he explicado en este capítulo. Si algo de lo que os digo os toca alguna fibra sensible, probadlo para experimentarlo por vosotros mismos.

Si me lo permitís, os envío un abrazo lleno de Amor & Paz antes de adentrarnos en el siguiente capítulo: ¿qué necesitamos para alcanzar el éxito en la vida?

4

¿Qué necesito para alcanzar el éxito?

Ninguno vivimos en la antigua Roma, aquella época de esclavos y gladiadores que luchaban entre ellos o con las fieras en el anfiteatro. Sin embargo, seguro que, si hemos viajado a la Ciudad Eterna, hemos visto las ruinas históricas que nos quedan como legado de esa época. Hace siglos eran muchas las personas que acudían a ver el espectáculo y vitoreaban durante esas peleas a muerte. Los luchadores, por su parte, pasaban días venciendo a fieras o a sus contrincantes, alcanzando el éxito, hasta que perdían, y entonces morían. Esa era la forma de divertirse en aquella época. «¡Qué crueldad, qué barbarie!», diréis. Pues sí, lo era. Aquella sociedad usaba a las personas de clase baja para divertirse, para distraerse. Es decir, eran esclavos.

Hay distintas maneras de ser esclavo, desde estar encerrados en una celda con grilletes en manos y pies, sin gozar de libertad física, hasta encontrarnos en situaciones en las que no somos libres y nos limitamos a hacer lo que otros nos imponen para poder pertenecer al sistema, comer, beber, dormir y subsistir. También podemos experimentar situaciones en las que los demás nos usen para divertirse, para distraerse; en las que nos convertimos en monos de feria y nos alejamos de nuestro ser humano. Como la sociedad solo nos valora cuando alcanzamos el éxito y vencemos, dejamos que nos manipule a su antojo creyendo que lo que nos alimenta es alcanzar ese éxito que nos han inculcado que es lo único que nos dará la felicidad. En realidad, acabamos ahogándonos en el ego y la arrogancia, pensando que, por haber alcanzado el éxito, somos mejores que los demás. En definitiva, tanto tienes, tanto vales.

Y para ilustrar esta frase no hace falta que nos vayamos al ejemplo de las estrellas de fútbol y los grandes *cracks*, aquellos que ganan millones de euros. Podemos quedarnos en una simple oficina: imaginaos a una secretaria y a una becaria que acaba de entrar en la empresa. La primera lleva más años allí y tiene un rango superior. Desde esa condición, puede que se dedique a hacer que la becaria se sienta inferior o que la invite a aprender para que ascienda lo antes posible. ¿Qué os parece más probable que suceda? Desde la conciencia, observar nos ayuda a entender dónde estamos. Porque ¿de qué me vale juzgar? La secretaria, debido a sus posibles carencias, a su falta de conexión con su esencia como ser humano, quizá se deje atrapar por la inseguridad, por el menosprecio que a lo mejor recibió de pequeña, y todo ello la incite a decir: «No dejaré que nadie me pase por encima».

¿Cómo funciona la sociedad? Vivimos en un mundo en el que hay guerras, en el que se miente para alcanzar el poder. Tener o ser, esa es la disyuntiva que se nos presenta a diario. Por lo tanto, debo observarme, ver lo que me rodea y decir: «La humanidad está ensuciando el mundo, pero yo quiero estar limpio, a pesar de formar parte de ella, así que puedo implicarme para erradicar esa suciedad, o bien barrerla bajo la alfombra». Sin embargo, muchas veces, al ver la suciedad ajena nos limitamos a juzgarla, no se nos despiertan las ganas de limpiar la nuestra, de empezar por lo que nos toca para, entre todos, mejorar esta sociedad. El éxito radica ahí, en observar con cariño, respeto, comprensión, compasión y aceptación, es decir, con amor, esas carencias, esos momentos de rabia o de enfado, y ponernos manos a la obra para, en la medida de lo posible, abordar la parte que nos corresponde. Si todos lo hiciéramos, disfrutaríamos de una sociedad más limpia.

Ese es, para mí, el triunfo que tenemos que alcanzar. Me refiero al que nos nutre por dentro, al que despierta la verdadera belleza del ser humano. Sin embargo, el éxito que nos incitan a buscar, el que nos venden, es solo el externo, el que nos diferenciará de los demás, nos hará destacar y nos ofrecerá ese respeto falso, esa falsa aceptación que nos llevará a creer que somos mejores por tener algo que los demás no tienen o conseguir algo que los demás no han conseguido. ¡Qué barbaridad!

Simply the best

¿Qué necesito para ser tenista? Esta pregunta se puede llevar a cualquier otro campo profesional de la vida. ¿Qué necesito para ser ingeniero? ¿Qué necesito para ser administrativo? ¿Qué necesito para ser médico? Me voy a ir al ejemplo del tenis, que es donde yo lo he sentido, pero espero que cada uno de vosotros lo llevéis al lugar donde os sintáis más cómodos.

Normalmente, si uno quiere ser tenista, se centra en el trabajo. Para ello, dentro de la pista, tendrá que focalizarse en la técnica y la táctica. Fuera de ella, deberá esforzarse entrenando en el gimnasio y trabajar el aspecto emocional, mental, que es muy duro, muy sacrificado. Es decir, tendrá que entregarse al entrenamiento técnico, táctico, físico, emocional y mental.

«Pepe, yo solo quiero saber qué necesito para ser tenista...», podréis decirme. En mi opinión, un tenista es, antes que nada, un ser humano que quiere realizar una actividad y dedicarse a ella, en este caso, el tenis. Ese ser humano no es solo la parte mental, pragmática, física y material, sino que tiene otra **espiritual, amorosa y sen-**

sitiva. Si solo nos centramos en el deporte, nos basaremos en la técnica, la táctica y el gimnasio, pero ¿qué hay de la parte espiritual, de los sentimientos, del amor?

Como hemos visto en el capítulo 2, todo ser humano, para alcanzar el equilibrio, debe armonizar la parte amorosa y sensitiva con la parte mental, pragmática, física, material. Es decir, para ser un buen tenista —o para ser bueno en cualquier otro ámbito, actividad o profesión—, habrá que trabajar esas dos partes. Porque si no, ¿qué ocurre? Que el tenista no estará preparado para enfrentarse a situaciones en las que las cosas no sucedan como él o ella desea. Está muy bien que quiera alcanzar la meta que se ha propuesto, pero tendrá que acompañar ese deseo de un desarrollo de ambas partes; de lo contrario, entre el miedo a no conseguirlo y el miedo a perder, el sufrimiento será muy grande.

El trabajo espiritual, más humano, más sensitivo, más amoroso, no se puede enseñar, nadie lo puede llevar a cabo por nosotros. Lo primero que debe hacer cualquier persona, ya sea tenista o maquillador, es observarse y aprender qué es ser humano. ¿Cómo somos humanos? Un ser humano necesita, antes que nada, conocerse, y a eso no nos enseña nadie. La sociedad no nos da información sobre el ser humano, sus sentimientos, esa parte espiritual, amorosa, sensible, sensitiva. Es muy importante conocerla, porque, en caso contrario, al limitarnos a la parte mental, pragmática, física y material, tropezaremos y sufriremos mucho. Si una persona quiere ser tenista, profesor, informático, recepcionista, etc., es imprescindible que se conozca como ser.

De la misma manera que el tenista busca información para averiguar dónde puede entrenar en pista y fuera de ella, con quién hacerlo y de qué manera, debe saber cómo puede conocer su parte espiritual, sensible. Así será capaz de alcanzar el equilibrio tanto en su persona como en el deporte, la profesión o la vida. ¿Y qué ocurre cuando nos conocemos como seres humanos?

Nos damos cuenta de lo importantes que somos, de la maravilla del ser humano, y eso hay que cuidarlo. Ahí radica nuestra magia. Y si alguien me preguntara: «De las dos partes, ¿con cuál te quedarías, según su importancia?». Creo que, en la vida, ambas tienen que estar unidas. Si alguna tiene que ser primordial y prioritaria, para mí es la espiritual, la sensitiva, la amorosa, que luego da paso a la física, mental y material. Pero ambas deben ir al unísono.

Si una persona intenta ser tenista centrándose solo en la parte técnica, táctica, física y mental, estará coja, porque le faltará toda una parte. En el momento en que se dé cuenta de la importancia de la armonía, vivirá de otra manera tanto el proceso como el éxito final. Por supuesto, habrá instantes de acierto y error, momentos de victoria y otros de derrota. Imaginaos lo que es vivirlos desde la armonía que comporta ser conscientes del ser que somos. ¡Es una maravilla, algo mágico! Los errores nos ofrecen aprendizajes, como hemos visto en el capítulo 2. Por lo general, solemos pensar que el error es malo, de manera que nos entra el miedo a fallar, perdemos la confianza en nosotros mismos y bloqueamos el deseo de experimentar, de probar. ¿Y a qué nos lleva eso? A no conocer, porque, si no experimentamos, si no probamos algo, no aprendemos. Para inventar la bombilla, Thomas Edison llevó a cabo muchos intentos, por lo visto, casi mil. Cuando un periodista le preguntó si no se sentía un fracasado por todos los errores que había cometido en el pasado, le respondió: «No fracasé, solo descubrí novecientas noventa y nueve maneras de cómo no hacer una bombilla».

Es como si tuviéramos un coche sin amortiguadores. Por la autopista irá fenomenal, pero si empieza a haber baches, lo pasaremos fatal. Una persona consciente de lo que es como ser humano lleva unos amortiguadores que le ayudan a mitigar cualquier bache. Si se conoce, el sufrimiento aparecerá de una manera muy sutil, suave, y en muchas ocasiones ni siquiera sufrirá, aunque se enfrente a grandes «errores o fracasos». ¿Por qué lo entrecomillo? Porque si sabe lo que es ser humano, si se conoce, aprenderá que perder no es un fracaso, sino la oportunidad de mejorar, de aprender del error.

El *top ten*

Si un jugador está en el *top ten* del mundo y otro es el número quinientos, está claro que el primero tiene más rentabilidad en el juego, es decir, gana más puntos. Pero si cogemos de la mano a uno y a otro, y comparamos la piel, el pelo o el sudor de cada uno, son iguales. Los dos hacen pis, sienten alegría, felicidad, angustia o ansiedad. El trabajo emocional que hago con los jugadores de alto nivel es el mismo que hago con los de nivel medio o bajo. Comparto lo mismo.

Cuando alguien empieza en el mundo del tenis y ve un *ranking*, se imagina que alcanzará la felicidad en el instante en que llegue a los puestos superiores. Al subir y no encontrarla, se imagina que está todavía más arriba, pero os aseguro que tampoco está allí. Creo que el miedo a no conseguir algo es menor que el de perderlo tras haberlo conseguido, así que podemos encontrarnos con más sufrimiento emocional en la parte alta del *ranking* que en la baja. Las victorias deportivas no nos protegen del sufrimiento emocional, quizá incluso lo acrecienten. La única diferencia dentro del trabajo emocional que realizamos en la escuela con los jugadores la marca la personalidad de cada uno de los tenistas, no el lugar que ocupan en el *ranking*. En el número quinientos puede haber una persona mucho más tranquila y que necesite menos trabajo que la que esté en el número cinco completamente desarmonizada.

En cuanto un jugador conecta con el ser que está detrás de su personaje, se enciende algo mágico que lo aleja de la creencia de que es sus victorias, lo que opinen de él o ella, o lo que posea. Esta conexión me libera a mí como entrenador y también al deportista de cualquier influencia que tenga su posición en el *ranking*. Mi trabajo es llegar al ser, y el ser siempre es el número uno del *ranking* de la vida. Es más, en el *ranking* de la vida solo hay números uno, porque todo ser es divino y maravilloso.

Me preguntan mucho si los *cracks* son más desconfiados o cerrados, si me miran como diciendo: «Pero ¿tú quién eres para contarme eso?». Si os acercáis a alguien con el cartel de «ayudador» o profesor en la frente, os costará acceder a su ser. Estoy convencido de que yo ni ayudo ni enseño, solo comparto con respeto lo que he vivido, mi recorrido, el que habéis visto en el capítulo 1. Es muy distinto a que alguien utilice algo de lo que yo comparto; si es así, no soy yo el que ayuda, sino que la persona se ayuda a sí misma. Lo que comparto no es mío, es de la vida. Si creyera que es mío, me convertiría en un mangante; si creyera que ayudo, pensaría que tengo algo que el otro no tiene y que yo se lo voy a enseñar para que esté igual de bien que yo. Esa actitud haría que el otro se pusiera en guardia y no permitiría una conversación abierta, de ser humano a ser humano. Imaginaos que fuera diciendo algo así: «Esto es lo que te pasa, y no está bien. Te voy a enseñar lo que debes hacer para estar bien». Ahí no habría diálogo, no estaría yo compartiendo nada. Ahí habría ego y, en consecuencia, la comunicación sería imposible. Yo comparto de ser humano a ser humano, no de mente a mente; comparto con una persona, no con un *top* cinco. Cuando se da esta conexión, ambas personas se nutren gracias a la generosidad mutua que se establece entre ellos.

Las personas que tienen éxito pueden ser más recelosas y estar más asustadas porque tienen más que perder, pero cuando un ser humano habla con otro ser humano la apertura es total porque se habla desde la **humildad y el respeto**, no desde el **juicio o la crítica**. Entonces para el otro es muy sencillo abrirse, porque está recibiendo comprensión, no juicios. Cuando alguien comparte de ser humano a ser humano, no se siente cohibido, amedrentado o asustado ante esa otra persona con éxito social o tenístico, porque no la ve como un personaje, sino desde el amor y el respeto hacia su ser, y le da igual que sea un *megacrack* o alguien a quien no conoce nadie.

«Pero, Pepe, vayamos al grano: ¿qué es el **éxito**?», podréis preguntarme. En mi opinión, el éxito en la vida es hacer lo que nos gusta y disfrutar con ello. Eso es lo que nos ofrece felicidad y disfrute. Éxito es vivir en paz y armonía con uno mismo, siendo feliz. Si lo pensamos bien, uno desea el éxito social poque cree que eso le hará feliz. Es decir: ¡el fin último es siempre la felicidad! Si además nos da para vivir de ello, entonces alcanzamos el superéxito. Ahí está la armonía y la felicidad, no en ser el mejor o tener más que los demás. Pongamos el ejemplo del arte: un señor que está en su casa y se entrega al lienzo disfrutando tiene, en mi opinión, un gran éxito, porque encuentra la felicidad en lo que hace, con independencia de que sus pinturas se vendan o se coticen más o menos. El éxito es tener la posibilidad de hacer algo que nos llene, que nos dé bienestar.

En el tenis sucede exactamente lo mismo. Hay chicos que llegarán a los cien primeros puestos, a los cincuenta, incluso a los diez, pero otros ni siquiera aparecerán en el *ranking*. Para mí, tendrá éxito el que juegue disfrutando: si le da para ganarse la vida, mejor; si no, disfrutará a nivel *amateur* y se ganará la vida con algo que también le complazca, y eso es lo esencial. Como decía el poeta Khalil Gibran: «Si no puedes trabajar con amor, sino solo con repugnancia, es mejor que te vayas de tu trabajo, te sientes en la puerta del templo y recibas limosna de aquellos que trabajan con alegría».

De todos los jugadores que intentan ser profesionales, solo consigue su objetivo un 0,06 por ciento, así que imaginaos el porcentaje de los que llegan al *top*. Desde 1973 —cuando salió la primera lista oficial por puntos que realizó la Asociación de Tenistas Profesionales (ATP)—, ha habido veintiséis números uno. En el mundo hay unos trescientos millones de practicantes. Supongamos que, al año, cien mil jugadores intentan ser profesionales. ¿Cómo intentan llegar? Ser uno de los *top* cien es muy difícil, y aún más mantenerse en esas posiciones, que es lo que permite vivir del tenis. Cada año lo intentan miles de aspirantes, y cada año se incorporan miles de aspirantes nuevos. Imaginaos cuántos, de los cientos de miles que lo intentan en un periodo de diez años, llegan a conseguirlo. Debemos ser conscientes de esto, pero no para desanimarnos, sino para situarnos en la realidad. No tiene sentido frustrarse, es como si alguien se frustrara porque no le toca la lotería. Si un jugador empieza a recorrer este camino y es realista, no puede dejar hueco a la frustración. Si lo consigue, ¡fiesta!; en caso contrario, no pasa nada: a disfrutar del camino, porque no conseguirlo es lo normal.

¿Quieres ser jugador de tenis? ¡Chapó! ¿Te gusta el tenis? Estupendo. ¿Tienes diez, doce o catorce años y quieres intentarlo? Adelante, haremos todo lo que esté en nuestra mano, pero disfrutarás por el camino. Pensemos por un momento en los chicos que, al llegar a los dieciocho o veinte años, no lo han conseguido. Tienen toda la vida por delante. Si, además de haber trabajado el tenis, se han centrado en el aspecto emocional, el amor, el respeto y la aceptación hacia ellos mismos, estarán más preparados para enfrentarse al resto de su vida, porque habrán aprendido que lo importante es ser conscientes de que son unos seres humanos divinos y maravillosos. Por supuesto, esta filosofía también podemos aplicarla a los jugadores que están en el *top* cien y quieren llegar al *top* cincuenta, veinte, diez o ¡¡uno!! Está muy bien que un niño desee llegar a ser Federer, pero no vendamos un veneno. Es imprescindible hablarlo con los chavales desde el principio para que tomen conciencia de lo que es importante y de lo que es secundario, de lo que es el éxito y de que todo ser humano tiene acceso a él.

Si solo buscamos la victoria, nos abocaremos al miedo y al sufrimiento. Estemos donde estemos en el *ranking*, no encontraremos la paz ni la felicidad. En la vida todo pasa, y lo importante es lo que queda, lo único que siempre permanecerá: nuestra esencia como seres humanos. Si conseguimos que los niños lo interioricen desde muy temprana edad, no se convertirán en esclavos de sus victorias o sus derrotas.

El aspecto económico

Algunos profesionales me preguntan cómo pueden olvidarse del tema económico mientras juegan. Como siempre, solo puedo compartir con vosotros mi opinión: no veo ningún problema en jugar por dinero; si además os gusta el juego, mejor que mejor. Lo ideal es que la persona se dedique a algo que le apasione, pero si sigue en el tenis por dinero, insisto, no me parece mal. Recuerdo a una persona que me hizo esta pregunta y que se sintió liberada por mi respuesta porque, en el fondo, pensaba que jugar por dinero era malo.

Eso es muy distinto a dejar que el dinero nos domine. Al igual que en muchas otras actividades humanas, podemos trabajar por dinero centrándonos en nuestra persona o en nuestro personaje, tal como vimos en el capítulo 2. Aquí está la diferencia, lo demás da igual: identificarse o no con la victoria o con la derrota, aceptarla o no aceptarla, vivir en el miedo o librarse de él. La felicidad no depende de lo externo, depende de cómo estamos con nosotros mismos. Si nos amamos, nos respetamos y nos aceptamos, estaremos bien. En caso contrario, intentaremos buscar fuera lo que no tenemos dentro, lo que nos falta. Sin embargo, fuera no lo encontraremos. La armonía solo existe en nuestro interior. No debemos vivir asustados por perder dinero, por no lograr la aceptación de los demás, por no alcanzar su consideración o por ganar menos partidos. ¡Qué más da! Jugaremos dando el cien por cien, y aceptaremos lo que ocurra desde nuestra armonía interior. Solo podemos focalizar la atención en una cosa a la vez, no en dos, al igual que no podemos tragar y respirar al mismo tiempo. Intentadlo. Si estáis en un partido, no centréis vuestra atención en el dinero, sino en amaros, aceptaros y respetaros. Así no dejaréis hueco a las preocupaciones económicas. Y os daréis cuenta de que eso es maravilloso.

¿Hay algún truco fácil y rápido?

Un amigo me preguntaba: «Vale, Pepe, entiendo lo que propones y veo que es un proceso que hay que ir dominando a base de trabajarlo, pero ¿existe algún truco rápido y fácil que pueda utilizar si estoy ante una bola crucial y necesito centrarme para hacerme con la victoria?». Podéis extrapolar esta pregunta a cualquier situación importante de la vida en la que debáis centraros.

No conozco atajos. Además de que no me gustan, los trucos fáciles y rápidos no existen. Imaginaos a una persona a la que le sobran dieciocho kilos. Un día decide pedir ayuda y se pone a hacer ejercicio y a alimentarse bien. Os aseguro que no existe un atajo: tendrá que trabajar en su dieta y ejercicio el tiempo necesario para adelgazar, es decir, no es algo que pueda lograrse de un día para otro, hay que luchar a diario.

Imaginaos que pudiera daros un truquito que os funcionara en una competición. Si fuera el caso, probablemente evitaríais atajar el problema de raíz y os apegaríais ansiosamente a los trucos. Sin embargo, solo serían autoengaños momentáneos, como si hicierais trampas en un examen. Así no solucionaríais jamás el problema. Hay que cambiar desde la esencia, porque eso es lo bueno para vuestro tenis, para ese *setball*, ese *matchball*; para ser padre, hijo, hermano, amigo, jefe, trabajador, cliente..., para ser todo lo que pueda ser una persona.

Ahora, si lo que me preguntáis es si hay algo que podáis hacer de forma puntual mientras desarrolláis vuestro trabajo principal, os podría decir que, en ese momento, busquéis un pensamiento agradable. Cuando competía, pensaba, por ejemplo, en llegar a casa en vacaciones, y mi malestar se aliviaba. También podéis centraros en la respiración y acordaros de lo que sois de verdad, además de aceptar los nervios, si los sentís. Pero nada es comparable a trabajar día a día para ser conscientes de que sois un ser maravilloso, como todos los seres humanos, y centraros en amaros, respetaros y aceptaros. Entonces no necesitaréis ningún atajo. Habréis alcanzado el éxito.

5

El juego de la vida: talento, técnica y táctica

La mente humana ha inventado y descubierto objetos que, según el uso que se les dé, pueden ser maravillosos o convertirse en armas destructivas. Por ejemplo, la piedra tallada que acabó siendo un cuchillo fue una invención fabulosa que nos permitió, allá por los primeros años de la vida en la Tierra, cortar ramas, alimentos, pieles, etc., sin necesidad de usar los dientes y mucho más rápido que antes. Sin embargo, usado de forma negativa, destructiva, el cuchillo puede acabar con la vida de un ser humano o con la propia. Lo mismo podríamos decir sobre la pólvora: es posible detonar una gran superficie rocosa para construir una carretera que una dos localidades o, por el contrario, utilizarla para cargar cientos de fusiles y que esas dos poblaciones se aniquilen entre sí.

El juego está relacionado con emociones positivas y agradables, como la alegría, la diversión y la risa, que provocan sensación de bienestar, armonía y calma cuando acaba el juego. Para darnos cuenta de esto, solo tenemos que mirar a los niños mientras juegan (siempre y cuando no les haya infectado/atrapado el virus del ego que hemos visto en el capítulo 3). ¿Verdad que se divierten, se ríen, se los ve alegres y, después de jugar, están relajados, tranquilos, calmados y en armonía? ¡Eso es jugar!

Por su parte, la competición no es más que un juego distorsionado, es decir, el cuchillo o la pólvora en su versión destructiva. Podríamos decir que está infectada por el virus del ego que nos empuja a ser mejores que el otro, de manera que el juego se convierte en guerra, y el otro no será un jugador, sino un adversario o enemigo. En ese instante, el juego se convierte en algo tremendamente peligroso y destructivo que puede llegar a destrozar e incluso aniquilar vidas. «¿Cómo?», me preguntaréis. Cuando uno compite, su máximo deseo es ganar, a diferencia de cuando juega, que pretende disfrutar. Y todo lo que no sea ganar implica perder. Entonces aparece el miedo, que conlleva estrés, angustia, ansiedad, deseo negativo hacia ese adversario o enemigo... Quizá os suenen frases como las siguientes:

- Al enemigo, ni agua.
- Han jugado mal, pero al menos han conseguido la victoria.
- El sufrimiento ha merecido la pena tras la victoria conseguida.

Por suerte, en la sociedad poco a poco van perdiendo fuerza estos pensamientos, aunque aún tienen cierto arraigo. Cuando uno pierde, suele sentirse indigno, culpable, malo, vacío. En definitiva, una mierda. Si perdemos y vivimos esos sentimientos de forma continua, nos causarán grandes problemas emocionales: falta de confianza personal, de amor y respeto por nosotros y por el otro. Estos problemas pueden sumirnos en depresiones de menor o mayor grado que deberán tratar, según su gravedad, psicólogos o psiquiatras, e incluso pueden hacer que acabemos hospitalizados. Sin embargo, en teoría, ¿no era solo un juego? Lo era, pero resulta que nace en nosotros la necesidad imperiosa de ganar, tal como me pasó a mí y habréis visto en mi experiencia recogida en el capítulo 1. ¿Por qué, entonces, nos olvidamos de esa parte lúdica del juego y no admitimos la derrota? ¿Por qué solo estamos felices si nos alzamos con la victoria?

Por qué necesitamos ganar y tenemos miedo a perder

La sociedad puede ser muy cruel: si ganas, vales; si pierdes, eres una mierda. Mal que nos pese, esta suele ser la realidad. Cuando salimos de casa, nos enfrentamos a una sociedad caníbal que se come al perdedor y ensalza al ganador hasta que este cae y es devorado a su vez, mientras otro lo sustituye. De forma inconsciente, algunos padres de jóvenes tenistas participan en este esquema al ofrecer más atención a su hijo cuando gana que cuando pierde. Debemos ser conscientes de que esos chicos no cuentan con herramientas para vivir el volcán de emociones que generan estas situaciones: culpa, frustración, rabia, vacío y odio hacia sí mismos.

De joven, cuando perdía un partido, tenía que asumir dos derrotas: la de la pista y la de llamar a casa y contarlo. Os aseguro que la segunda era mucho peor. Es algo que, como entrenador de los chicos, sigo viendo a diario. Algunos padres pensarán que esto no va con ellos porque nunca han echado una bronca a sus hijos cuando han perdido. Pues os voy a decir algo: a mí nunca me echaron la bronca por perder, nunca en la vida recibí un reproche, pero, aunque parezca muy sutil, notaba un cambio en la atmósfera y en la entonación de mi madre cuando perdía respecto a cuando ganaba.

Ganaba:

—Mami, ¿qué tal?

—Cariño, José, ¿qué tal ha ido?

—He ganado.

—¡Ay, no me digas! ¡Qué bien! ¿Cómo ha ido el partido, qué tal ha estado?

Perdía:

—Hola, mami, ¿qué tal? *(Mi vibración ya era diferente y mi madre lo notaba).*

—José, cariño, ¿cómo ha ido? ¿Qué tal?

—He perdido.

—¿Has perdido? ¿Cómo ha pasado?

Y me sentía una mierda. Ese cambio de atmósfera era suficiente para que me sintiera fatal, aunque, por supuesto, nadie me echara la bronca.

No tenemos que buscar culpables, no podemos exigir héroes inmunes a haber crecido dentro de esta sociedad. No podemos cambiar un mundo que ha condicionado a nuestros padres antes que a nosotros. Mientras las cosas sigan siendo así, lo que está en nuestra mano es protegernos. Si llueve a cántaros, no puedo evitar que caiga el agua, pero tengo la posibilidad de coger un paraguas o un chubasquero, o bien de ponerme a resguardo hasta que pare. Esto es lo que la vida me ha regalado: descubrir que hay paraguas y lugares donde podemos protegernos de esta barbaridad de lluvia social en la que tanto ganas, tanto vales.

Cuando, al ganar, recibimos cumplidos y aparente respeto por parte de los otros, es fácil caer en malvivir y depender de los halagos y la atención de los demás. Sin embargo, como hemos visto en los capítulos anteriores, lo que realmente le hará vivir a una persona una vida plena y feliz será el amor, pero ojo, deberá también amarse a sí misma. Si el amor que recibimos procede exclusivamente del exterior, dependeremos de él y tendremos miedo a que, por diversas circunstancias, dejemos de recibirlo. En cambio, si el amor se convierte en amor propio, solo dependeré de mí, y eso sí que está a mi alcance lograrlo.

Lo que nos provoca un miedo atroz es estar en vilo, es decir, no saber si nos seguirán amando mañana igual que lo hacen hoy. Si, cuando perdemos en lugar de ganar, pensamos, consciente o inconscientemente, que nos quedaremos sin ese amor externo, intentaremos controlarlo o manipularlo para no perderlo. También puede suceder lo contrario: que nos dejemos dirigir y controlar. En ese instante el amor se pudre, la relación con los demás se convierte en necesidad, dependencia, y el malvivir se instala en nosotros. Lo peor es que nos gusta echar balones fuera, es decir, pensar que la culpa siempre es del otro, de ese que no nos quiere, cuando, en realidad, si nos autoevaluásemos, nos daríamos cuenta de que el problema está en que no nos queremos a nosotros mismos y que por eso dependemos del amor de los demás y tememos perderlo. Ahí, como hemos visto en el capítulo 2, aparece el personaje, y la persona sale por la ventana.

En la sociedad actual no nos enseñan a amarnos. Se limitan a decirnos que, si queremos recibir atención, respeto y aceptación por parte de los demás, debemos triunfar. En el caso del deporte, sería: «Si ganas, obtendrás atención, pódiums, trofeos, fotos y demás privilegios, pero, como pierdas, te quedarás sin nada». Y no solo eso, sino que es probable que recibamos calificativos del tipo de:

- Eres muy flojo.
- No sabes sufrir.
- No vales para nada.
- Siempre pierdes.
- Eres un fracasado.

En definitiva, lo mejor que nos puede pasar es no recibir trofeos, fotos ni atención desmesurada, y que nos digan que no pasa nada, que lo haremos mejor la próxima vez. ¡Pero eso no nos llena! Queremos nuestra ración de halagos y cumplidos, y, cuando no los recibimos, nos llenamos de dolor. «¿Cómo podemos salir de este círculo vicioso?», me preguntaréis. Pues a través del amor propio que hemos visto antes.

Experimentamos la necesidad de ganar por la atención y los halagos que recibimos, porque de ese modo nos sentimos protagonistas de nuestra vida. La sociedad nos empuja a la diferenciación, al egoísmo, a ser mejor que el otro, que, por consiguiente, es peor que tú. Este es el mensaje que nos llega al oír frases como:

- ¿Quién es más alto?
- ¿Quién es más guapo?
- ¿Quién tiene mejor casa?
- ¿Quién tiene mejor coche?
- ¿Quién gana más partidos?
- ¿Quién saca mejores notas?

Si no gano, no soy nadie, no le importaré a nadie, no obtendré su atención. Como solo se atiende y se ensalza a los ganadores, nace en la gente el terrible miedo a perder y la necesidad imperiosa de ganar. Pero preguntaos algo: ¿para quién vivís, para quién jugáis? ¿Para vosotros mismos o para los demás? Si el amor no reina en vuestra vida, probablemente os daréis cuenta de que, cuando ganáis, esa victoria se la ofrecéis a alguien, a las personas de las que esperáis aprobación. Por el contrario, cuando perdéis, os vienen a la mente todas aquellas personas a las que habréis defraudado con vuestra lastimosa actuación.

Y aún hay un caso más grave: cuando pensamos que no nos importa lo que piensen los demás de nosotros, cuando creemos que ganamos o perdemos para nosotros mismos. En ese caso, la lucha titánica que emprendemos, llena de miedos, angustia, ansiedad, insomnio y estrés, no es con el otro, sino única y exclusivamente con nosotros mismos.

Debemos conceder a las situaciones la importancia que tienen, ni más ni menos, y darnos cuenta de que, muchas veces, lo importante en la vida no es ganar.

Hace poco hablaba con un chico de trece años que iba a jugar un torneo el sábado siguiente. Si lo ganaba, pasaría a la siguiente ronda y tendría otro partido el domingo. Estaba nervioso, con miedo a perder, aunque sabía que, por nivel, expectativas e historial, tenía más posibilidades de vencer que sus contrincantes.

Al primer partido salió con miedo. En cuanto empezó, me di cuenta de que no era capaz de ser él, de mostrar su mejor tenis porque estaba asustado. Su contrincante jugaba feliz, como debería ser normal, mientras que el niño que yo acompañaba no podía jugar. Después de hablar con él en un descanso y recordarle el ser humano que era, empezó a golpear más fuerte la bola, a jugar más libre, y me di cuenta de que se sentía mejor. Al acabar el partido, lo comentamos.

—De 4-1, perdiendo, me puse a 6-4 y gané el primer set. Tuve dos *matchballs* (dos bolas de partido), pero las perdí. Entonces empecé a creer que no iba a ganar, y me entró el miedo. Comencé a jugar con la derecha, cortando la bola, porque no me atrevía a golpearla. Y me ganó el set. Luego, en el súper *tie break*, gané yo —me contó.

—¿Qué crees que te ha pasado? —quise saber.

—Me daba miedo perder el partido.

Cuando aparece el miedo, da igual cuál sea el motivo que lo provoque, ya sea lo que digan los demás, el juicio externo o perder. El motivo no es lo que importa. La cuestión radica en que se ha instalado el miedo. En el caso de mi alumno, le asustaba la posibilidad de no pasar esa ronda y no poder jugar el domingo siguiente y ganar, porque entonces no se clasificaría para el campeonato de España. Le hacía mucha ilusión, ya que en las ocasiones anteriores en las que había participado, siempre había disfrutado y había conocido a jugadores de toda España. En eso radicaba su miedo, en quedarse sin el campeonato. Cuando lo entendí, mantuvimos esta conversación:

—¿Qué prefieres, clasificarte para el campeonato de España o que yo encuentre una bonita piedra en un río? Elige —le pedí.

—Clasificarme para el campeonato de España —contestó sin dudar, con una sonrisa socarrona en los labios.

—¿Qué prefieres, un balón de fútbol o clasificarte para el campeonato de España?

—Clasificarme para el campeonato de España.

Como sabía que su abuelo estaba enfermo, me atreví a preguntarle:

—¿Qué prefieres, que se cure tu abuelo o ir al campeonato?

—Que mi abuelo se recupere —contestó muy serio.

—¿Seguro? —le pregunté.

—Seguro —respondió categórico.

—O sea, si tuvieras que elegir, le darían por saco al campeonato de España, ¿no? Bien, porque, si se cura, dejará de tener miedo a la enfermedad, ¿verdad?

—¡Claro! —exclamó.

—Entonces, has elegido que tu abuelo deje de vivir con miedo, que viva feliz. Eso, para ti, es más importante que cualquier campeonato, ¿no? Escoges su felicidad.

—Por supuesto, quiero que sea feliz. En ese caso, el campeonato me daría igual.

—Entonces, la felicidad es lo más importante para ti... Y una última pregunta: ¿qué prefieres, ser feliz tú o ir al campeonato y jugar con miedo, con incertidumbre, sin saber si vas a ganar o no?

—Prefiero jugar libre y feliz, ser feliz —me contestó mirándome a los ojos.

—Pues entonces —concluí—, a tomar viento el campeonato y esa semana. Céntrate en estar bien contigo y en lo que te importa, que es disfrutar del tenis. Te gusta jugar al tenis, ¿no?

—Mucho.

—Listo, pues juega al tenis.

Y fue mágico, mágico de verdad, su juego dio un giro de ciento ochenta grados. La vida me ofrece muchas veces este regalo, la posibilidad de acompañar a alguien para que se dé cuenta de lo que es realmente importante. Y ganar no es lo fundamental. Lo significativo, lo que nos hace ser y estar, es ser felices.

La persona que vive y juega para ella se siente como un niño, con ese asombro en la mirada que le permite alejarse del resultado y de lo que piensen los demás de él, porque solo le interesa ser feliz jugando, ser feliz en la vida. Y, para ello, son fundamentales el talento, la técnica y la táctica.

El talento

Muchas veces me preguntan por el talento de los jugadores. ¿Cómo saber si alguien lo tiene? Para mí, el talento se mide por el nivel de ilusión. ¡Cuánto talento se ha desperdiciado por no tratar adecuadamente a un jugador! Siempre recuerdo la respuesta de Miguel Ángel cuando la gente se quedaba maravillada ante sus esculturas: «Solo he quitado lo que sobraba». Cuando empecé a entender cómo funcionaban la mente y las emociones, me di cuenta de la cantidad de potencial increíble que podía sacarse de cada jugador si se le trataba con amor, respeto y aceptación. Ahora aplicad esto a todas las circunstancias de la vida. ¿Cómo creéis que influye la ilusión en todo lo que hacemos?

Recuerdo a Christian, un tenista alemán al que entrené. Desde el punto de vista tenístico, nadie, ni siquiera él, pensaba que fuese un jugador hábil; al contrario. A ojos de todos era lo que en nuestro argot llamamos un «tronco», bastante, además. Al analizar la situación, decidí hacer un experimento: sin que él lo supiera, esperé a que diera un buen golpe, aunque fuera fortuito, de puro churro. En un partido, lo movieron hacia la derecha y llegó muy forzado, tuvo que hacer una especie de cortado con la derecha y le salió un golpe increíble de verdad. Yo llevaba semanas esperando a que ocurriera algo así. Entonces solté la raqueta y me puse a gritar: «¡Pero ¿mira qué golpe?! ¡¡No había visto algo así en mi vida, qué fuera de serie!! ¡¡Qué mano tienes!! ¿Cómo has hecho ese cortado? ¡¡Me ha parecido realmente mágico!!».

¿Creía que Christian tenía talento? Sí, pero debía conseguir que él lo creyera, así que se lo transmití desde lo más profundo de mi corazón. Él me miraba como diciendo: «¡Hostia, pues me lo creo!». Y ¿qué ocurrió? Pues que al cabo de unos días lo hizo de nuevo, y yo, que lo estaba mirando, exclamé: «¡Tío, la tienes atada (que en argot tenístico significa que dominas el golpe)! ¡Qué bolón, qué talento de golpe!». De esta manera, Christian terminó teniendo un increíble golpe defensivo de derecha, uno muy difícil que él ejecutaba como si nada. **Hasta la persona que parece un tronco tiene talento si sabemos ayudarla a desarrollarlo.**

De la misma manera, podemos conseguir el efecto

contrario: si un día que está nervioso, un chico de trece años golpea mal con la derecha, al contrario de lo que suele hacer, y, al terminar el partido, no dejamos de repetirle lo mal que lo ha hecho, se quedará atrapado en ese golpe, como decimos en nuestro argot, y cada vez lo hará peor por el miedo a no hacerlo bien que le habremos metido en el cuerpo.

De pequeño siempre me dijeron que tenía talento y una derecha increíble, así que, cuando empecé como entrenador, me dediqué a observar mi golpe: qué hacía para que saliera bien la bola, cuáles eran los detalles técnicos que ponía en práctica... En cuanto lo tuve claro, intenté transmitírselo a la persona a la que estaba entrenando. Sin embargo, el mayor reto era hacerle creer que podía hacerlo. Si lo conseguía, terminaba teniendo una derecha notable. Algunas personas tienen, de entrada, más habilidades que otras, pero las que en apariencia no las tienen, pueden evolucionar de una manera increíble si conseguimos que se lo crean. ¡Es alucinante! Esto puede aplicarse a cualquier ámbito: en casa con los niños, en nuestra empresa, incluso entre nuestro grupo de amigos.

Recuerdo a otro chico que, en un año, pasó de tener una derecha desastrosa a ser objeto de admiración por su golpe y talento. El talento lo llevaba dentro, pero estaba bloqueado por su mente. Y ya sabéis cuál es la llave para trabajar la mente y las emociones: el respeto, la aceptación y el amor.

La técnica

Llevo enamorado del tenis desde niño, y he tenido personas a mi alrededor que me han enseñado la técnica y la táctica de este deporte. Siempre me han gustado, pero, en mi opinión, un nivel alto de técnica y de táctica son prescindibles. Según el diccionario de la RAE, la técnica es «Aquello perteneciente o relativo a las aplicaciones de las ciencias y las artes» y, en su tercera acepción, técnica es la «Persona que posee los conocimientos especiales de una ciencia o arte». No penséis que solo hay técnica en los deportes; en la vida, todos podemos mejorar nuestra técnica en muchos ámbitos, sobre todo en el mundo laboral.

¿Se puede ser jugador de tenis sin una **técnica** avanzada? Creo firmemente que sí. Cuando un espectador va a un partido, solo ve una derecha, un revés, un saque o una volea, pero no todo es tan sencillo. Por ejemplo, un golpe de derecha puede tener muchas variaciones: con mucho *top spin* (efecto), más plana, intermedia entre *top spin* y plana, que cree ángulos cortos y abra la pista, amortiguada... La técnica ofrece una combinación mayor de derechas, y, cuanta más técnica tenga el jugador, mayor será la posibilidad de desarrollar todo tipo de golpes, de depurarlos para necesitar menos fuerza o de aprender a darlos con más suavidad si conviene. Y en la vida sucede lo mismo: cuanta más técnica tengamos, más fácil nos resultará obtener los resultados esperados, pero no es fundamental que sea avanzada. Lo entenderemos al hablar de la táctica.

La táctica

La **táctica** consiste en acoplar el juego personal al del contrario, o la forma de actuar en una situación concreta a quien que tenemos delante. El tenista puede jugar de una manera más franca, más directa, más defensiva, más a la red o más al fondo de la pista. Si tiene una amplia técnica, podrá plantearse una variedad de golpes infinita. Si el partido se retransmite por televisión y lo vemos sentados cómodamente en el sofá, no se aprecia tanto, pero hay muchas formas de jugar: repitiendo más hacia una dirección que hacia otra, abriendo la pista, jugando con más o menos altura, a mayor o menor velocidad... Por eso hay gente a la que se le da mejor la pista rápida y otra que destaca en la lenta. Saber lo que le incomoda al rival y jugar en ese sentido nos ofrece ventaja. Ahora bien, para eso hay que tener empatía y ponerse en el lugar del adversario.

Abarcar una gran cantidad de técnicas y tácticas puede ser perjudicial. Si solo tenemos dos formas de jugar, es más difícil que nos equivoquemos, ya que, sin armonía y claridad, nos podemos liar. Es decir, si no contamos con la claridad y la armonía necesarias para escoger la técnica y la táctica más adecuadas en cada situación, la variedad de juego puede convertirse en nuestra enemiga. La base del tenis consiste en no fallar y dar golpes que hagan errar al rival, no lo olvidemos. Si hacemos un juego muy bonito, pero olvidamos la base, no ganaremos los partidos. De hecho, hay jugadores de muy alto nivel con una calidad técnica y táctica baja, inferior a la de jugadores que están mucho más abajo en el *ranking*. ¿Por qué? Pues porque suelen centrarse en su juego, potenciándolo al máximo, y se olvidan del que tienen enfrente. Por lo tanto, **una buena táctica es simplificar nuestro potencial y olvidarnos del otro.**

Tanto en la vida como en el tenis, buscad el lugar en el que os sintáis más cómodos. Siempre me ha parecido muy divertido utilizar la variedad técnica y táctica; para mí, es como llevar un coche con marchas en vez de uno automático. Pero no por ser más limitadas perderéis el partido de la vida. Solo hay que amarse y respetarse para jugar por diversión, no en una lenta agonía por ganar.

6

La aplicación de mi experiencia en los jóvenes: Pepe Imaz Tennis

Cuando descubrí todo lo que habéis leído en las páginas anteriores, me di cuenta de que la felicidad que yo sentía no podía guardármela para mí. Había descubierto algo que deseaba de corazón compartir con todos los que me rodeaban, y mi escuela de tenis era el campo de pruebas perfecto para hacerlo desde muy temprana edad, es decir, con los jóvenes. En mi escuela, ubicada en Marbella, ayudamos a los jugadores a desarrollar sus habilidades para que alcancen su máximo nivel, pero siempre dando prioridad al bienestar, los sentimientos y las emociones de cada uno. Para nosotros, lo fundamental es la persona y después el jugador, y entrenamos siguiendo la máxima: «Solo a través del amor se puede alcanzar la verdadera felicidad». Y esto, como no he parado de repetir, solo podemos lograrlo desde el respeto, la aceptación y el agradecimiento.

Nuestra escuela tiene tres patas: la escuela solidaria, la escuela base y la escuela para tenistas que quieren llegar a ser profesionales. En la solidaria participan familias con recursos limitados, en la base hay unos ciento cincuenta niños y en la profesional tenemos unos diez alumnos.

La **escuela solidaria**, Amor & Paz Tennis Experience, nace del sentimiento de compartir a través del tenis la importancia del amor en nuestras vidas y nuestros hogares. Creamos esta iniciativa social entre Marko Djokovic y yo, pensada para niños entre los seis y los nueve años. Podríamos decir que, en este caso, el tenis es la vía de entrada al mensaje principal: que el amor siempre forme parte de la vida. Lo que pretendemos es compartir con el mayor número de familias posible el beneficio que ha aportado a nuestra vida el camino del amor, el respeto y la aceptación. Aquí no vale con dejar a los niños en la escuela: los padres tienen que quedarse con sus hijos y compartir el trabajo que realizan. El premio lo encontramos cuando algún padre nos dice algo como: «Mi hijo me ha dado un abrazo y me ha dicho "Te amo" por primera vez». La escuela empapa las relaciones familiares. El objetivo es que se comparta más amor y respeto en la familia, y que vengan a jugar al tenis de forma gratuita es el medio para llegar a ello.

En la **escuela base**, disfrutan del tenis niños entre los tres y los dieciséis años, además de crecer y evolucionar apoyándose en los valores que deseamos que los acompañen durante toda la vida: Amor & Paz. Entrenamos a diario, de cinco a ocho de la tarde, y los sábados por la mañana. En la escuela fomentamos la evolución personal mediante el respeto, el cariño, la aceptación y el entendimiento, alejándonos del aprendizaje basado en la repetición mecánica, que solo mina la autoestima y provoca dolor. Nuestra máxima: «El amor es la medicina que todo lo cura de raíz. ¡Ámate!».

En la **escuela profesional** somos cuatro entrenadores, de modo que podemos dedicar atención personalizada a los jugadores. Lógicamente, dentro del grupo hay un nivel muy dispar, desde un chico de dieciséis años con un nivel incipiente a una chica de veinticuatro que está ya en el tenis de élite. Entre ellos comparten muchos ejercicios, con independencia de su nivel. ¿Que no puede ser? Pues sí, así es, y nos da muy buenos resultados. Lógicamente, no hablamos de hacer partidos, pero sí de realizar muchos tipos de ejercicios. Para mí es importante cultivar la **humildad** del jugador. Un peloteo entre dos personas de nivel dispar es muy productivo para ambos: la persona de más nivel comparte con generosidad y ejercita su interior, y la de menos tiene la oportunidad de recibir y de aprender mucho, que luego compartirá cuando sea ella la que llegue al nivel alto. De igual forma hacemos con los géneros, mezclamos chicos con chicas.

Para entrar en una escuela de profesionales de tenis suele haber dos requisitos: un determinado **nivel de juego** y una buena **capacidad económica**. Por supuesto, el dinero es importante, necesario para pagar la logística, los entrenadores, etc., pero no lo consideramos una prioridad ni un obstáculo, al igual que tampoco lo es el nivel de tenis del que parta cada jugador. Si Marko y yo sentimos que una persona tiene que estar en la escuela, pero no puede pagarla, lo ayudamos en la medida de nuestras posibilidades. Lo fundamental es que esté en sintonía con lo que compartimos y ofrecemos. Muchos de los que vienen han oído hablar de nuestras experiencias, pero los hay que no, así que lo primero que hacemos es sentarnos con el jugador y sus padres durante una o dos horas para averiguar lo que están buscando y lo que quieren conseguir. Durante ese tiempo, percibimos lo que sienten y nos damos cuenta de si es o no el lugar idóneo para ese tenista. Evidentemente, querrá convertirse en jugador profesional, pero debemos ver si comparte con nosotros la absoluta prioridad del ser humano, y si sus valores, su armonía y su equilibrio encajan con nuestra forma de ver la vida. Creo que hay que ser sincero respecto a lo que sentimos y creemos, y que la gente debe elegir con total libertad y tranquilidad.

Después de esa conversación, puede que nuestras prioridades no encajen con las del jugador o con las de sus padres. Jamás intento convencerlos de que nuestro camino es el correcto; como siempre digo, no hay un camino correcto o incorrecto, solo tenemos que elegir el que sentimos que debemos recorrer. Así que mi función se limita a explicar el nuestro para que puedan elegir. Si prevemos que el jugador no se sentirá a gusto, que nuestra forma de enseñar no es la más adecuada para él o ella, puede darse el caso de que no lo admitamos o de que le propongamos que pruebe una semana y posterguemos la decisión para cuando acabe ese periodo. También ha habido casos en los que hemos tenido que invitar a personas admitidas a abandonar la escuela por su falta de armonía con nuestros valores. En ocasiones, hay que saber pegar una patada en el culo a alguien, eso sí, con amor, respeto y aceptación. Respetar a la gente no nos obliga a compartir su forma de actuar. Hay que tener carácter para rechazar a una persona si vemos que no está en armonía con nuestra forma de hacer. Agradezco que mi carácter es uno de mis mayores guardaespaldas y compañeros. Por supuesto, también hemos tenido a algunas personas que han decidido dejar la escuela porque han sentido que no era lo que necesitaban. En esos casos, que suelen ser pocos, de mí solo reciben apoyo y respeto. No intento convencerlos para que no lo hagan: los animo a buscar algo que les satisfaga y, si conozco un lugar en el que pueden encajar, los recomiendo.

Dejadme que os cuente el caso de una persona maravillosa, Christian. Llevaba tiempo entrenando con nosotros, pero llegó un momento en el que sentí que no era sano que continuara en la escuela porque jugaba huyendo de la realidad. No resulta nada fácil para quien está en este deporte desde los diez o doce años dejar de intentar ingresar en el tenis profesional. Él era consciente de que no lo lograría, pero se aferraba a la ilusión, al sueño de ser jugador profesional para no enfrentarse a la realidad de que su tren tenía que cambiar de vía y asumirlo.

Los últimos meses, de forma inconsciente —porque es un ser maravilloso—, tenía conflictos diarios con todos: con sus compañeros, con los profesores y conmigo. Llegó un momento en el que vi que debía darse cuenta de ello y asumirlo. Es un proceso que hay que ayudar a transitar, pero nunca empujando de forma violenta ni diciendo algo que limite el desarrollo de esa persona. Hay que mostrárselo con cariño, al ritmo al que el jugador esté preparado, gota a gota, de forma armónica, cuando la vida lo permita, conversando para que él exprese lo que siente. El entrenador tiene que ser generoso y honesto, y no pretender que la persona se quede en la escuela.

Christian no daba pie a ello, se resistía. Al final sentí que la única manera de ayudarle era decirle: «Hasta aquí, ya no vas a entrenar más». Intenté tirarle un cubo de agua fría que lo despertara, pues vi que era lo que necesitaba: «Christian, estás en un momento muy respetable, pero de conflicto. No te aporta a ti, no aporta al grupo ni a los entrenadores ni a nadie. Tienes que irte». Él no quería enfrentarse a su realidad, pero fui firme. Habló con su padre, y este me llamó pidiéndome otra oportunidad. Le dije que lo entendía, pero que creía que lo mejor era que lo dejase. Al final se fue a una universidad americana becado gracias a su tenis.

No supe de él durante un tiempo. Le di espacio, y de vez en cuando le enviaba un gran abrazo por mensaje. Al cabo de dos años me llamó. Me dijo que tenía un profesor de filosofía gracias al que había identificado cuál había sido su conflicto y comprendido todo lo que había vivido con nosotros, y que se sentía muy agradecido. Acabó su carrera, se casó y tuvo dos hijos. Vino a vernos hace un año, estuvimos juntos y salimos a cenar. Fue maravilloso.

Mucha gente me pregunta sobre mi nivel de **implicación** con los alumnos. En realidad, intento no implicarme. Tengo la teoría de que, cuando uno se implica, existe algún tipo de enganche, de dependencia, de deseo. Hay que respetar el proceso de cada persona, sus tiempos, la dirección que eligen, su manera de hacer. Por lo tanto, **no creo en implicarse, creo en acompañar**, en estar ahí para ayudar, en compartir mis conocimientos y mi recorrido, además de mis carencias. Al fin y al cabo, lo que está en juego es la vida tenística de esa persona, no la nuestra. Al **compartir las carencias**, la persona se siente más comprendida y se abre. ¡Es de vital importancia hacerlo! En caso contrario, faltamos a la verdad e intentamos dar una imagen de perfección que no se corresponde con la realidad. Tengo claro que no soy maestro en nada, solo soy una persona que comparte su recorrido desde el máximo respeto. Ahí acaba mi función. Si el jugador gana, la victoria es suya, al igual que, si pierde, la derrota también es suya. Ni dependo ni soy esclavo de que al jugador le vaya bien o mal. Tampoco me implico al ver los partidos de tenis. Como espectador, lo único que busco es disfrutar del juego, no de la victoria o la derrota de uno de los jugadores. Con los años he aprendido a sentir lo que están viviendo los dos tenistas que hay en la pista: su estado, sus emociones, sus tácticas, sus armonías. Por supuesto, a veces me asalta la implicación con alguno. ¿Y qué hago entonces? Trasladarme al amor, ser consciente de lo que me está ocurriendo y cambiar mi foco de atención. Cuando lo hago, la implicación se va al instante.

El **acompañamiento** no es frío: es comprensivo y cariñoso, empático y compasivo. Siento que se genera una relación muy cercana y estrecha, de ser humano a ser humano, pero siempre respetando la libertad del otro y huyendo del apego. Se acompaña compartiendo, no enseñando, con mucho diálogo y mucha escucha. Hay entrenadores que enseñan con tanta seguridad que me apetece invitarlos a la pista a que me demuestren cómo ponen en práctica lo que dicen que es tan fácil. De hecho, la mayoría son incapaces de ejecutarlo tanto en el tenis profesional como en los torneos que corresponden a la edad del tenista. Una cosa es decir cómo se hace algo y otra hacerlo, por eso creo en la eficacia de compartir con humildad, no de enseñar. Muchas veces, el jugador ya sabe lo que le ha pasado y cómo solucionarlo, y quizá lo único que necesite sea el apoyo emocional que le permita observar su carencia con cariño y solucionarla.

En la escuela, se da una **comunicación continua entre los jugadores y los entrenadores**. Después de los torneos, nos sentamos y compartimos las experiencias y los sentimientos que hemos tenido antes, durante y tras la competición. Compartimos los miedos, las alegrías y los nervios, conscientes de que todos estamos en el proceso de vivir en el amor, el respeto y la aceptación. Nos abrimos en un ambiente que invita a participar con sinceridad y sin reservas, sin juzgar.

El trabajo de las emociones en la escuela

En la escuela nos gusta dar una buena base técnica y táctica a los principiantes, una formación clave de la que estoy enamorado. Con esa base, luego podemos centrarnos en el tema emocional. También ofrecemos una buena preparación física: si no tienen resistencia, potencia y explosividad, no hay nada que hacer.

Siempre procuramos estar al tanto de los momentos puntuales en los que un jugador comienza a entrar en una espiral de la que no puede salir, dominado por el juicio e, inevitablemente, por el cabreo. ¿Cómo reaccionamos con los niños que pierden la armonía porque se ven arrastrados por los errores y el juicio negativo, o por los aciertos y el juicio positivo? Es fundamental trabajar los errores. Si cometo un error, lo acepto y lo respeto, no me juzgo ni me insulto. La consideración hacia mí no depende de si hay acierto o error, sino de ofrecer mi mejor tenis y disfrutarlo.

Cuando veo que un alumno se equivoca, me espero fuera de la pista y, si lo desea, le doy un abrazo. En ese momento, lo único que siento y comparto con él es amor y respeto como el ser humano que es. Da igual si ha ganado o perdido. Mi empatía y compasión se encienden, se cargan. Después le pregunto si le apetece compartir sus sentimientos. Si no quiere el abrazo o prefiere no hablar, le dejo espacio. Si recibe el abrazo, pero no quiere hablar, estupendo, se ha llevado el abrazo, aunque haya estado tenso. Sin que se dé cuenta, eso va calando en él, porque el amor cala. En algún momento tendrá ganas de compartir cómo se siente: el ser humano necesita expresarse sin sentirse juzgado, desea sacar esas malas vibraciones, esos sentimientos y emociones tan desagradables, librarse de todo eso. Cuando no lo hacemos, es porque sentimos que nos juzgan. Ese es el único freno.

En cuanto el jugador se siente preparado para compartir sus sentimientos, lo escucho hasta que se vacía, sin interrumpirlo con reglas, saberes o un: «No has hecho esto o lo otro». La persona ha de tener la posibilidad de hablar de lo que quiera hasta el final. En cuanto termina, le pregunto con amor y respeto si puedo compartir con ella lo que los demás hemos sentido y observado. Si pedimos permiso, la persona deja de estar a la defensiva porque es ella la que nos abre la puerta. En ese caso, alejados del juicio y de la crítica, afrontamos el problema desde el cariño, dejándole claro que lo que le pasa nos sucede a todos, no solo a él o ella. En mis veinticinco años como entrenador, nadie ha rechazado este proceso, pues todo ser anhela cariño. Es como si una persona tiene una herida y le preguntas si te da permiso para que le pongas agua oxigenada, aunque quizá le escueza un poco. Aplicamos este procedimiento tanto con el jugador que sale llorando de la pista como con el que lo hace con el orgullo disparado tras una victoria (si el chico lleva tiempo con nosotros, seguramente no se le disparará mucho). La clave está en la **armonía emocional.**

Cuando nuestros alumnos la alcanzan, dan el máximo tanto en la pista como en la vida.

El ego y la construcción de la identidad en los jóvenes

En los campamentos de tenis de verano para niños de entre cuatro y dieciséis años, durante tres horas diarias entre semana, usamos este deporte como guía para compartir y crecer como seres humanos. Además de entrenar, dedicamos la última hora a juegos sin raqueta.

Estamos todos jugando con deportividad y, cuando quedan unos veinte segundos de tiempo, empiezo en voz alta una cuenta atrás: «Veinte, diecinueve, dieciocho...». Por lo general, si acaban de empezar los campamentos, muchos niños de todas las edades se lanzan a hacer trampas. ¿Con qué fin? El de ganar. Se olvidan del objetivo del juego y se centran en vencer. Si eso ocurre, les pido a todos que se sienten, alumnos y profesores, y hablamos sobre el tema: empiezo compartiendo y luego ellos pueden comentar lo que tengan necesidad de compartir y expresar.

En una ocasión en que sucedió, les pedí que me escuchasen durante unos minutos y les trasladé mi inquietud.

—Cuando nacisteis, todos erais pura luz. Nadie os exigía nada, nadie os reñía si eructabais o si se os escapaba el pipí. Os limitabais a existir, y todo el mundo deseaba teneros en brazos, la primera, por supuesto, vuestra mamá. Con el paso de las semanas, seguíais sin sentir exigencia alguna, lo llenabais todo con vuestra alegría, con vuestra luz, como si fueseis una enorme bombilla. Sin embargo, a medida que fueron pasando los años, os disteis cuenta de que la gente os trataba de una forma u otra según cómo os comportabais. Y vuestra forma de actuar fue adecuándose a esa respuesta... Entonces es cuando empezaron a deciros que erais buenos o malos según lo que hacíais, diestros o torpes según si erais más o menos hábiles, guapos o feos dependiendo de vuestros rasgos físicos. Poco a poco, fuisteis aprendiendo qué debíais hacer para ser mejores, peores o normales, mediocres.

»A medida que pasa el tiempo, cuando jugáis, os dais cuenta de que, si ganáis, la gente os quiere, os alaba, así que le dais mucha importancia a vencer, y se convierte en vuestro objetivo. Empieza a daros igual lo que haga el otro, solo queréis ser los mejores. Tenéis que ganar. ¿Para qué? Para alimentar algo. ¿El qué? ¿Vuestra luz? No, vuestra luz no lo necesita.

—¿Nuestro ego? —se aventuró a decir uno de los chicos.

—¡Exacto! ¿Y qué tipo de ego? El que, a medida que vais creciendo, os impone la sociedad: lo que hacéis, cómo lo hacéis, cómo os comportáis, qué tenéis, qué no tenéis, qué habilidades desarrolláis o no... Eso es el ego, algo que no sois vosotros. Vosotros sois esa luz que traíais al nacer, pero, con el paso del tiempo, os olvidáis de ella y os acercáis a la falsa creencia de que sois vuestros logros, vuestros actos, cómo hacéis lo que hacéis... Os pregunto: ¿qué sois en realidad?

—¡Luz, *light*! —respondieron convencidos.

—¡Justo! —exclamé—. Más allá de nuestro nombre, que nos permite identificarnos, somos luz, *light*, ¡incluso *LOVE*! ¡Una enorme ele!

—¡Sí! —contestaron un montón de caritas sonrientes.

—Algunos habéis hecho trampas, habéis intentado ganar sin seguir las normas, pero no lo habéis hecho en vuestra calidad de seres de luz, sino por egoísmo, para quedar los primeros. De esa manera os acercáis al premio momentáneo, a decir: «He ganado, soy el mejor» y quedaros ahí, porque estoy seguro de que eso no os llena. Sí, claro, si ganáis, la sociedad verá que valéis, que sois muy buenos, os querrán, os aclamarán y conseguiréis su atención, pero recordad que quien se lleva el reconocimiento es vuestro personaje, ese falso yo que es el ego, cuando, en realidad, la verdadera esencia es vuestro espíritu, dulce y amoroso.

—Te refieres al personaje al que le importa su posición social y que los demás la respeten, ¿verdad? —me preguntó uno de los mayores.

—Eso es. ¿Y cómo cuidamos lo más valioso de nuestra vida? Imaginad que somos diamantes. ¿Cómo nos cuidaríamos? Si fuésemos conscientes de que somos diamantes, nos trataríamos bien. John, ¿cuántas veces te has dicho hoy que te amas, que te respetas y que te acompañas?

—Ninguna —respondió él.

—¿Y ayer? —quise hacerle reflexionar.

—Ayer tampoco, ni antes de ayer...

—Eres valioso, pero ¡no lo sabes! Nos tratamos mal, con exigencia extrema, con juicio, crítica, incluso con desprecio, a veces. ¿Qué estamos haciendo?

—Es que eso no nos lo enseñan en el cole, Pepe —se quejó una niña.

—Cierto. En el cole os enseñarán que tenéis que sacar buenas notas, elegir una buena carrera, alcanzar un buen estatus en el trabajo y ser hombres y mujeres de provecho. Ojo, eso me parece estupendo, pero primero tenéis que ser conscientes de quiénes sois, seres divinos de luz y amor.

»El mundo lo dirigen los que mandan, los que controlan a la sociedad, y les interesa que pensemos más bien poco. Nos van "facilitando" la vida para que dejemos de responsabilizarnos de ella, y llega un momento en que ya no somos independientes, libres y empoderados porque le damos nuestro poder a los otros. La sociedad nos dice eso de "Tanto tienes, tanto vales" y, según lo que alcancemos, nos mostrarán un nivel de respeto u otro.

»Es como si los ocho mil millones de personas que habitamos en el mundo formásemos parte de la misma empresa, unos con un estatus y otros con otro, pero, al fin y al cabo, trabajadores todos. Lo que hacen es usarnos. ¿Cómo podemos romper con esta inercia? La opción es observarnos, cuidarnos, tratarnos bien, ser conscientes de quiénes somos, pero no porque nos hayan enseñado a centrarnos en nuestra profesión, a prepararnos para el futuro, para ser hombres y mujeres de provecho, para dedicarnos a algo que nos ofrezca mucho dinero y pegarnos la gran vida. Eso no somos nosotros, es el cuento que nos han contado, y nos lo hemos creído. Ya sea en el deporte, los negocios, la música, las artes marciales o lo que queramos, nos han enseñado que debemos sobrevivir y ganar dinero para que nos respeten, y eso no son más que migajas comparado con lo que ganamos si nos queremos. ¿Por qué no nos respetamos?

—¿Por qué no nos han enseñado? —preguntó otro chico.

—¿Qué es lo que yo comparto con vosotros? —contesté con otra pregunta.

—Que me respeto si hago las cosas bien y, si las hago mal, no me respeto.

Eso es lo que ha sido el tenis para mí toda la vida y lo sigue siendo. Lo viví en primera persona y pude librarme de esas garras que me estaban ahogando, y todo por ser querido, respetado y aceptado. Cada día observo que, cuando un jugador o jugadora gana, se siente válido. Cuando pierde, se va a su silla, a su rincón. Puede llegar a llorar, a sentirse frustrado, una mierda. Cuando verbalizo lo que intento hacer a diario conmigo mismo, siento que les mueve, les sacude, y es una forma muy poderosa de luchar contra el mecanismo social del mundo que nos dice que hemos nacido para lograr cosas, para estar por delante de los demás.

Tenemos unas capas de inconsciencia que no nos permiten vivir desde la verdadera esencia que somos. Pero podemos luchar contra esa ola que nos condena a no vivir. Después de tantos años trabajando y luchando para que no me arrastre, para salir de ella, sigo notando que está ahí, sí, pero ya no me ahoga, aunque intente cogerme por el tobillo. Ya no me agarra de la yugular, como hace treinta y cinco años, pero a veces aún me coge del tobillo, me tira y me caigo. Y en cada una de esas ocasiones me levanto, como Rocky, a través del respeto, cariño, aceptación y amor que me doy.

Porque debemos usar la vida para encontrarle un sentido, para conocernos e ir acercándonos a quienes realmente somos. Tengo claro que no soy el personaje, la etiqueta que me han impuesto, el ego, ese falso yo. Además, disfruto con lo que hago. Cuando alguien me pregunta: «¿Quién eres?», primero respondo que soy un ser humano, un ser divino, de luz, como todos. Antes era un jugador de tenis, ahora exjugador, pero no me limito a ser eso, para nada. Y vosotros tampoco deberíais hacerlo. Sois luz, sois amor, seres divinos y maravillosos como el resto de los seres humanos, como todos los chicos que vienen a esta escuela.

Ganar o perder

Una vez, un padre y su hijo pasaron dos semanas en la escuela. Al cabo de un tiempo, me encontré con el padre y me dijo que toda aquella enseñanza que el niño había recibido se había desvanecido, y me preguntó qué podía hacer para reavivarla. Imaginad que tenéis un mapa que indica dónde se oculta un tesoro. Es decir, tenéis el mapa, pero no el tesoro. Podéis estar muy contentos, pero, si no seguís la ruta marcada, si no camináis hacia el oro, no tendréis nada. Este padre y su hijo comprendieron las indicaciones del mapa y pasaron dos semanas maravillosas con nosotros enfrentándose con éxito a la angustia, la ansiedad y los miedos, pero tras esa quincena no siguieron trabajando, de modo que se desvaneció todo lo que habían aprendido y volvieron a caer en el juicio y la vivencia del tenis desde el personaje, no desde la persona. Al principio, como el chico jugaba mejor, cayeron en la tentación del juicio positivo y el **ensalzamiento de la victoria**. Como dejaron la puerta del juicio abierta, cuando los resultados empeoraron, entraron en el juicio **negativo** y la **identificación con la derrota**, y llegaron la **crítica** y la **protesta**. Cada vez había menos amor, aceptación y respeto.

—No sé qué hacer —me decía—. ¿Me puedes ayudar?

Con mucho cariño, le contesté:

—¡Eres un sinvergüenza! ¿Cómo te atreves a pedirme ayuda? ¿Que no sabes? Sí que sabes. Tienes el mapa en tus manos, pero debes caminar hacia el tesoro. ¿Cómo se camina hacia él? Trabajando cada día. No vale con venir aquí dos semanas y seguir comportándose como antes. Lo sabes, pero no lo haces. Si tienes sed, no vale con estar al tanto de dónde se encuentra el grifo, tienes que ir y abrirlo, acercar el vaso y beber. Trabaja cada día. Te digo con cariño que eres un sinvergüenza porque quieres que pedalee por ti, y eso no va así, está en tus manos. Puedo compartir el mapa contigo, pero solo tú llegarás al tesoro. Es un trabajo continuo, se da en cada momento del día, siendo conscientes de lo que somos y de la necesidad que tenemos de amarnos, aceptarnos y respetarnos.

La vida es un partido que no se gana ni se pierde, solo se vive, se juega y se aprende, y de esta manera evolucionamos como seres humanos. Deseo que vuestro próximo partido no lo ganéis ni lo perdáis, que simplemente lo juguéis y aprendáis lo máximo posible.

La inconsciencia de ganar para ser aceptado y querido

Los padres

En nuestra escuela siempre intentamos que los padres participen con nosotros y que no juzguen a sus hijos, es decir, que respeten cómo se encuentran, al igual que respetan a sus amigos: a ellos les permiten tener un mal día o intentan no hablarles si ven que no están receptivos. ¿Por qué no ponen en práctica el mismo respeto con los hijos?

Cuando me inicié como entrenador, vivía esta situación de una manera muy diferente a como la vivo ahora, lo hacía desde el juicio: «Pero ¿cómo es posible que no se den cuenta? ¿Por qué no me dejan manejar la situación, si yo les puedo ayudar?». Enjuiciar desgasta mucho y, como las cosas no fluían, acabé despertando y dándome cuenta de que estaba haciendo con los padres justo lo contrario de lo que intentaba hacer en mi vida. Estaba actuando desde el ego, no había amor, aceptación y respeto, era como si les dijera: «Apártate y déjame ayudar a tu hijo». Doy las gracias porque me di cuenta relativamente pronto de que los padres son mucho más importantes que el entrenador, y no solo en la vida, sino también en la escuela.

Si la persona va antes que el jugador, por la misma regla de tres el padre y la madre van antes que el entrenador. Los padres siempre quieren lo mejor para sus hijos, su felicidad, y jamás les harán daño de forma consciente. No se les puede apartar, al contrario; hay que integrarlos en el trabajo para que todo lo que se haya avanzado en la escuela no se eche a perder en casa. De esta forma convertimos a los padres en los coprotagonistas de la película y participan con nosotros, compartiendo al mismo nivel. Y no es difícil hacerlo, pues la mayoría de los padres buscan la felicidad de sus hijos y, si son buenos tenistas, mejor que mejor. Si no piensan así, no hay espacio para ellos en nuestra escuela. Es vital ofrecer tiempo para compartir con los padres y los niños y para escucharlos, a veces incluso solo a los padres, siendo sinceros con ellos, acompañándolos, dándoles su sitio. Los diálogos que se establecen son preciosos, y aprenden mucho cuando se ponen en la piel de sus hijos.

Echo la vista atrás y me pregunto cómo pude juzgarlos tanto... Para un niño, su padre y su madre lo son todo. Un simple comentario de sus padres puede ser el detonante que siembre la desconfianza, la inseguridad, la rabia... Un simple: «Hijo mío, no sé qué te ha pasado, pero hoy has jugado fatal», dicho incluso sin enfado, es suficiente para provocar un enquistamiento duradero, aunque lo hagan sin mala intención. Para un padre y un hijo, identificar esto y reconocerlo es un enorme regalo.

Imaginaos a un niño de catorce años que pierde un partido al que han asistido sus padres. Luego en el coche, el padre, con la mejor intención, lo invita a hablar del tema: «¿Y por qué has perdido, con lo bien que has jugado?». Al niño no le apetece hablarlo en ese momento, pero claro, tiene catorce años y se ve en la obligación de responder a la pregunta. Y su padre sigue insistiendo... En ese caso, el entrenador puede hablar con el padre y explicarle lo que le pasaba a él en situaciones similares, cuando tenía la edad de su hijo: «Mira, yo, en situaciones así, lo último que quería era que mi padre me hablara del partido, quería distraerme y olvidarme de eso».

Hablar sin miedo produce **crecimiento familiar**. Yo he vivido muchos cuando los niños se abren a los padres y estos corresponden de la misma forma, pues todo se vuelve mucho más sencillo y fluye. Los niños comunican con naturalidad si quieren jugar solos o que sus padres los vengan a ver, de manera que por ambas partes se produce un respeto hacia el espacio ajeno.

A todos nos gusta que respeten nuestro espacio, ¿no? Imaginad que, el domingo por la tarde, se presenta en vuestra casa una visita sin avisar, cuando estáis viendo una película en familia. Eso no hay quien lo aguante, ¿verdad? Pues los niños también necesitan que se respete su espacio.

Me siento un privilegiado por la posibilidad que me brinda la vida de compartir la experiencia de nuestro equipo y este proyecto, en el que queremos transmitir a los niños y a sus padres una forma diferente de aprender, reforzando el respeto por la persona a nivel emocional. Creo que el ser humano posee grandes capacidades, pero utiliza un porcentaje muy pequeño de ellas. Cuando un ser humano disfruta y se divierte, está más predispuesto a la felicidad, y sus puertas se abren de par en par. En ese estado, el niño interioriza la información a un nivel más profundo que si se le enseña de la manera tradicional, a través del premio o castigo, de los juicios negativos o positivos y de las repeticiones continuas.

Al contrario que los animales, los seres humanos contamos con una manera de recibir la información que no es nada agresivo: la conciencia. A través del conocimiento interior, somos capaces de sacar a la luz nuestras mejores cualidades de una forma fluida y natural, y nuestro objetivo pasa a ser disfrutar y crecer cada día, en vez de centrarnos en los trofeos y el reconocimiento externo.

Esta es la forma de entender la vida y el tenis que todo el equipo deseamos compartir. ¿Os apuntáis?

Hasta pronto

Gracias de corazón a todos los seres humanos divinos y maravillosos que me habéis abierto las puertas de vuestro ser y me habéis dado la posibilidad de compartir mi vida con vosotros. Ha sido un gran regalo para mí.

Como hemos visto, los partidos de tenis se pueden jugar con la intención de ganar, pero siempre desde la conciencia de que somos seres humanos y, como tales, lo prioritario es tratarnos con cariño, amor, respeto y aceptación, además de que no podremos desarrollar todas nuestras capacidades si vivimos apegados a la crítica y al juicio.

Para acabar, ¿qué os parece trasladar esta manera de vivir a vuestra realidad cotidiana? La vida es un partido que jugamos todos, en el que nuestra intención es que todo salga según nuestros deseos (sería como ganar el partido). Sabemos que perderemos puntos, juegos y sets, así que debemos prepararnos técnicamente, estudiando carreras o aprendiendo oficios, y también a nivel físico, cuidando el cuerpo, protegiéndolo de las emociones negativas, ejercitándolo y alimentándolo de forma saludable. Como en el tenis, en la vida nos encontraremos con muchos momentos en los que las cosas no salgan como queremos, con periodos desagradables y duros, y lo que más nos ayudará es vivirlos con amor y aceptación. Así conseguiremos que esas emociones difíciles se vayan por el desagüe y que no se queden atascadas.

Debemos elegir entre dos actitudes: estar siempre protestando, enjuiciando, criticando y maldiciéndonos a nosotros mismos y al resto de las situaciones y personas, o vivir amándonos, respetándonos y aceptándonos a nosotros mismos, a todo aquello que no sea de nuestro agrado y a los demás. Tenemos que escoger si queremos vivir en la guerra o alejados de ella. Cuanto más lejos estemos de la guerra, más nos premiará la vida con armonía.

Dentro de mis limitaciones, trabajo a diario para acercarme un poquito más a ese amor, ese respeto y esa aceptación. No soy nadie para deciros lo que tenéis que hacer, pero sinceramente deseo haber aportado algo que os ayude a trataros con más cariño, respeto y aceptación. En definitiva, ojalá os améis por encima de todo. ¡Vuestro entorno lo percibirá! Será como encender una bombilla que emitirá luz y calor a su alrededor, porque, para compartir calor, luz y amor, debéis tenerlos dentro.

Reflexiones finales

Antes de despedirme, me gustaría compartir con vosotros un resumen de mi experiencia o proceso que os permita comenzar y acabar el día despertando la ley de la atracción y visualizándoos de forma positiva para atraer el amor a vuestra vida. Os invito a practicarlo al menos durante veintitrés días para interiorizar el hábito, y notéis el cambio que os deseo con todo el amor de mi corazón.

1. Nada más despertar, antes de levantaros de la cama, pensad y sentid, como mínimo, siete cosas positivas que os permitan conectar con lo que sois, seres divinos y maravillosos capaces de irradiar amor.
2. Haced el ejercicio/ritual de la «Lista mágica» (capítulo 2).
3. Dad las gracias por la posibilidad de vivir un día más, por seguir evolucionando como seres humanos, por respirar el oxígeno que da vida al cuerpo... (capítulo 3).
4 Durante el día, hablaos con cariño, respeto y aceptación.
5. Cada hora en punto dedicad diez segundos a deciros: «Agradezco a la vida todo lo bueno que me pasa y lo que me pasará» (capítulo 3).
6. Tened pensamientos positivos, agradables y de cariño hacia todo aquel con el que os relacionéis. Si pensáis que se equivoca, intentad despertar en vosotros un sentimiento neutral, es decir, aceptad lo que consideráis su error. De esta manera, estaréis más cerca del amor que del juicio.

7. Los juicios ensucian la armonía y alejan el amor de nuestra vida, pues no nos dejan sentir respeto, aceptación ni cariño por el otro. Si se os cruzan pensamientos negativos o juicios, estad alerta para cambiar esas ideas por otras positivas, de amor y respeto.
8. Antes de acostaros, repasad mentalmente todo lo bueno que os ha sucedido durante el día. Esto os permitirá nutriros y sentir ese AMOR con mayúsculas. Si os cuesta encontrar algo bueno, volved al latido de vuestro corazón y a la posibilidad de seguir respirando un día más.

Recordad que somos seres divinos y maravillosos y, como tales, puro amor. A medida que pongáis en práctica esta rutina, os daréis cuenta de que cada vez necesitaréis menos halagos externos, pues vuestro interior estará lleno de amor hacia vosotros mismos y hacia los demás. En ese momento, ganar o perder en cualquier situación no será lo importante, lo fundamental será que iréis perdiendo el miedo en vuestra vida.

Por favor, no creáis nada de lo que habéis leído. Si

algo de lo que he escrito ha llegado a vuestro interior y lo sentís como cierto, será vuestro, no necesitaréis creer. Si lo sentís y lo experimentáis, poneos el mono de trabajo y dedicaos a ello, pero insisto, porque lo sintáis, no porque lo hayáis leído o porque lo haga fulanito o menganito. De este modo, el resultado será solo vuestro.

Hoy comienza un nuevo día, y está en vuestras manos (y en las mías) vivirlo:

- Amando u odiando.
- Agradeciendo o protestando.
- Respetando o juzgando.
- Siendo generoso o avaro.
- Acariciando o golpeando.
- Siendo sincero o mintiendo.

¿Qué preferís? La elección es vuestra. No dejéis que el ego os engañe, os amargue el día y vaya mermando vuestra vida. Desplegad vuestra luz en cada pensamiento, palabra y acto hacia vosotros mismos y hacia los demás. Os aseguro que veréis el gran cambio que se producirá.

Por último, y si me lo permitís, me gustaría pediros que cerréis un momento los ojos y recibáis el abrazo infinito, lleno de respeto y amor, que os mando.

Agradecer

Si lo deseáis, os invito a emprender este viaje, a tomar una senda que os acercará a vuestro ser, a lo que realmente sois. Durante el camino aparecerán dudas, os caeréis, pero lo importante es que está en vosotros la capacidad de levantaros y enfrentaros a un nuevo día amándoos, respetándoos y aceptándoos.

En algunos momentos os sentiréis inseguros, como todos, así que, desde aquí, quiero tenderos la mano por si necesitáis cogerla, pero no para depender de mí ni de nadie, sino para tomar impulso y volver a subir, compartiendo vuestros sentimientos. Solo espero que este libro os acompañe en el camino. Lo he escrito para que podáis leerlo una y otra vez, y para que cada vez que lo leáis os traiga algo nuevo. Y que ese algo os haga tomar más consciencia de lo importante que es amarnos y tratarnos con respeto, cariño y amor.

Sentíos libres de enviar vuestros comentarios, dudas, sugerencias y preguntas a <info@pepeimaztennis.com>.

Una vez más, si me lo permitís, os mando un abrazo desde el máximo respeto y cariño, lleno de Amor & Paz,

www.pepeimaztennis.com

Pepe Imaz. AMOR & PAZ